JN096273

シリーズ・保育の基礎を学ぶ ❶

実践に活かす
社会福祉

井元真澄・坂本　健

編著

ミネルヴァ書房

「シリーズ・保育の基礎を学ぶ」刊行にあたって

　社会福祉に関する代表的な資格として，保育士，社会福祉士が挙げられる。両資格とも養成校で学んで資格を取得するのが一般的な方法であるが，その養成課程において，社会的養護を中心とする子ども家庭福祉についての学びはというと，十分な量と質が担保されているとは言い難い状況がある。確かに多くのことを学ばなければならないし，第1，資格を取得してもそれを子ども家庭福祉分野で活かす機会は，それほど多くないものと予想される。もちろん保育所は子ども家庭福祉の実践の場として大きな位置を占めるものだが，「保育」として独立しているように感じられる。児童福祉施設における実践を鑑みた場合，保育所が圧倒的多数であり，次いで健全育成を担う児童館，その後にこれら2つの通所施設を除いた児童福祉施設等ということになる。したがって社会的養護の領域において実践を担う従事者数は，保育所保育士数からすると格段と少なくなる。しかし社会的養護の重要性には，大きなものがあることには論を待たない。子どもたちのより良い生活の構築に当たり，それを支援する職員には，高度な実践の「知」を有することが期待される。

　この度「シリーズ・保育の基礎を学ぶ」として，社会福祉に関する教科目について，実践に活かす上でのバイブルとなることを目標として，全7巻での出版を企画した。指定保育士養成施設のシラバスに沿いつつ，社会的養護施設の実践に丁寧に触れ，子ども家庭福祉における今日的課題を積極的に取り入れることを基本とした。就職への学生の動向をみると，様々な理由から社会的養護関係施設への就職を躊躇することが多いようだが，子どもの全生活を支援する点では苦労も多いが，その分喜びを享受できるのも事実である。これから施設で働こうと考えている皆さんを後押しする，及び毎日の実践に全力で取り組んでいる皆さんにとって，いつでも参考にしていただけるような内容となるよう心掛けた。

社会福祉はさまざまな隣接分野との接点が多い領域だが，近年再犯防止という観点から，社会福祉と司法との連携が強化されている。筆者は矯正分野において長年受刑者処遇に尽力された景山城佳氏から，「心に絆を打ち込む」ことの大切さを学んだ。東日本大震災以降，「絆」という言葉は耳にする機会が多いが，浅学な筆者は「絆」という使い方についてはあまり理解していなかった。『広辞苑第7版』によれば，「絆される」の意味として，「特に，人情にひかれて心や行動が束縛される」との説明が付されている。社会福祉分野と矯正分野では，対象者が異なるわけであるから，そのアプローチの仕方に相違があって当然である。しかし，人を対象とするという点からすれば，社会福祉や教育に従事する私たちも，その対象者に対し「絆」を打ち込むぐらいの気概をもって取り組むことが必要ではないかと考える。そしてこれまでの実践において蓄積されてきたノウハウを令和の時代に継承させていくために，本シリーズが少しでも貢献できれば望外の喜びである。

　年間の出生数（2019年）が90万人を割った今日，持続可能な社会福祉の構築のために，実践知を結集し，魅力ある子ども家庭福祉実践を作り上げるための基礎として，本シリーズが活用されることを願う。赫赫たる子ども家庭福祉の実現に向けて，執筆者一同，読者の皆様と共に努力を重ねたいと思う。

2020年2月

坂本　　健

まえがき

　児童福祉法では，すべての児童は，児童の権利に関する条約の精神に則り，様々な権利を有していると謳われている。しかしながら，虐待や貧困をはじめ，すべての子どもの権利が護られているとは言い難い状況があることも事実である。また，子どもの生活は保護者と一体的であるため，保護者をはじめとしたまわりの大人たちが抱える生活課題は，子どもの生活に直接的な影響を及ぼすことが多い。よって，子どもの権利を護っていくためには，子どもだけでなく，保護者および保護者を含めた家族の生活を支援することが必要になってくる。

　保育士は，児童福祉法に位置づけられる福祉専門職の一つであり，子どもや保護者と直接的に関わる業務を中心的に担っている。保育士が，一人ひとりの子どもの権利を意識して日々の実践を行っていくことは，児童福祉法の内容の具現化につながる１つの方法であると考えられる。そして，子どもを護ることは保護者を含む家族を護ることでもあり，そのためには社会福祉の理念や制度についての理解が求められる。

　本書は，「指定保育士養成施設の指定及び運営の基準について」（平成15年12月９日雇児発第1209001号，平成27年３月31日雇児初0331第29号）に準拠した内容となっている。そこで求められている教授内容について，本書では「第１章　現代社会と福祉」「第２章　社会福祉のあゆみ」「第３章　社会保障・社会福祉の制度と法体系」「第４章　社会福祉の行財政と実施体系」「第５章　ソーシャルワークの理論と方法」「第６章　現代の社会問題と保育・福祉サービス」といった６章に構成し，わかりやすく体系的に学んでいただけるよう工夫を行った。

　子どもや保護者を通して見えてくる生活課題や，その背景にある地域，社会全体の状況を把握しようとする視点が，保育士の実践においては必要である。その上で，生活課題に共に向き合い，解決に向けて助言や伴走をできる存在になることは，保育士のめざすべき姿であるといえる。子ども達の健やかな育ち

と，笑顔があふれる毎日を保障していくためにも，本書を通して，社会福祉についての理解を深めていただけることを期待したい。

　2020年2月

井元真澄

目　　次

<table>
<tr><td>第1章</td><td>現代社会と福祉
——固有の理念と社会状況による変化を見る</td></tr>
</table>

1　社会福祉とは何か——その理念と概念

（1）社会福祉の思想と現実

1）「社会福祉」の2つの意味——目的概念と実体概念

　保育士は社会福祉士・介護福祉士などと並ぶ，保育士資格が保母資格と呼ばれた時代から数えると社会福祉で最も歴史の長い，そして社会的需要も最も多い社会福祉専門職である。イメージでいえば小児科医が内科や産婦人科など他の診療科や生物学などについてもある程度の知識を求められるように，保育士にも社会福祉についての一定の知識と理解が必要とされる[1]。そこで本節では社会福祉とは何かという問いに答えながら社会福祉の理念や概念，特にその鍵となる人権や尊厳を取り上げる。

　「福祉」は個人的な，または憲法で「公共の福祉」とされているように社会の構成員に共通するという意味で社会的な「幸せ」を意味している。

　そのため社会福祉という言葉はしばしば社会全体の幸せ，あるいは「社会福祉に理解がある／ない」と言う時のように，その社会すべての人（いわゆる，みんな）が幸せに暮らせる社会や，そうした社会づくりへの熱意などを抽象的にイメージして使われる。社会の幸せという目標や方向性を意味する使い方を目的概念としての社会福祉と呼ぶ。ある社会の全員が幸せになったことはおそらく一度もないから，目的概念として使われる場合の社会福祉は理想に等しい理念ともいえる。

　幸せは主観的なために，これまでほとんど研究の対象とされてこなかった。しかし前野隆司によると，近年は心理学や経営学，経済学で「幸福学」という

名称で研究が進んでいる。また，幸福学の「幸福」は学術的には well-being（ウェルビーイング），欧米の現場では「happiness and well-being」という表現が多用されるという。子ども家庭福祉で目指される理念もウェルビーイングであり，子どもの権利と自己実現が保障され，現在を身体的・精神的・社会的によりよい状態で生きられるように支援することをいう。

　大正から昭和初期に日本の保育や幼児教育の礎を築いた倉橋惣三は，「自ら育つものを育てようとする心。それが育ての心である。世にこんな楽しい心があろうか」と述べている。個人の幸せや社会全体の幸せという社会福祉の目的概念は子どもの育ちを支援する保護者や保育士あるいは保育園という環境が楽しく子育てできる大切さを示している。

　社会福祉という概念は幸せという目的を表すために使われる一方で，虐待防止や保育，介護など実際に行われている一連の施策や実践とそのための法や制度を，ボランティア活動を含めて総称する用語として頻繁に使われる。現実に行われている，あるいはイメージでも具体的な内容をある程度もっている使い方を実体概念としての社会福祉と呼ぶ。

　2つの意味を保育所での実践に当てはめれば，子どもに幸せな園での生活を保障する意識や子育てを幸せに感じるように保護者と接する意識と，良い保育の両者の具体化といえる。それに幸福学の現場での表現を加味すれば，保育者に求められている基本的態度と方向性は「幸せな園生活の保障と楽しい子育ての支援，質を高める保育活動」と要約できるだろう。

2）変わるから難しい「社会福祉」の概念

　「洋の東西」を問わず古代から慈善事業は行われてきたが（第2章参照）明治以降の慈善事業や社会事業の時期を経て，社会福祉という言葉が用語として誕生したのは第2次世界大戦の直後だった。社会福祉の概念を規定するのが難しいのは他の先進国の影響を受けながら，社会の変化とともに考え方や内容が変わってきた点にもある。

　用語が日常の言葉として社会に定着してきた戦後七十数年間も，社会福祉の考えや内容は大きく変化してきた。戦後の昭和の時代には社会福祉は一般に重

い障害のある子どもや大人，困窮する身寄りのない高齢者，母子家庭や共働きしないと暮らしていけない子どものいる家庭といった，とりわけ困難な生活状態にある社会のごく少数の人々のためにある制度と思われていたし，冷淡な見方も少なくなかった。当時の社会福祉は，措置と呼ばれる行政処分による援護や育成と助言や指導による「援助」がその中心を占めていた。

　平成に入ってしばらくすると保育や公的介護を利用する人が飛躍的に増え，社会福祉は教育や医療・保健と同じように，誰でも利用する可能性のある生活の自立を「支援」する制度と認められるようになってきた。対象者という昭和の用語の代わりに利用者という表現が使われるようになり，手続きでも措置の多くは契約へ置き換えられた。⁽⁵⁾今世紀初頭の「社会福祉基礎構造改革」以降，社会福祉を福祉サービスとする考え方も介護や障害の分野で定着している。福祉サービスの理念を示す代表例として，次の社会福祉法第3条がある。

（福祉サービスの基本的理念）
　第3条　福祉サービスは，個人の尊厳の保持を旨とし，その内容は，福祉
　　　　サービスの利用者が心身ともに健やかに育成され，又はその有する能力
　　　　に応じ自立した日常生活を営むことができるように支援するものとして，
　　　　良質かつ適切なものでなければならない。

　これを見ると，定義は個人の尊厳の保持を社会福祉サービスの目標におき，サービスの内容の目的として利用者の健やかな育成，あるいは能力に応じた自立生活の支援が掲げられている（ただし現状では，保育サービスという用語は介護サービスや障害サービスという言葉に比べると社会に定着していない）。利用者の健やかな育成（健全育成）と，能力に応じた自立生活の支援（自立支援）の2つが現在の社会福祉の実践や施策，法などに共通する具体的な目的の中心であるのがわかる。

　このように戦後から平成を経て令和へ大きく変動を続ける社会に伴う考え方や内容などの変化も，社会福祉とは何かという問いへの答えを難しくしている

原因になっている。

3）社会保障と社会福祉

　社会福祉とは何かという問いへの答えを難しくしている3つめの要因は目的と名称の類似する，社会保障の存在である。日本国憲法第25条では，次のように社会福祉は社会保障と並列で，同格のものとして記述されている。

> **第25条**　すべて国民は，健康で文化的な最低限度の生活を営む権利を有する。
> 2　国は，すべての生活部面について，社会福祉，社会保障及び公衆衛生の向上及び増進に努めなければならない。

　しかし実際には生活保護や児童手当のように社会福祉にも社会保障にも分類される制度もあり，また概念の整理の仕方によって社会保障の一つとして社会福祉が位置づけられることも，反対に，社会的な幸せという意味から社会保障を含む包括的な言葉として社会福祉が使われることもある（狭義の社会福祉，広義の社会福祉などという）。社会保障も同様に，国民の生活のセーフティネット（安全網）としての役割をどう整理するかで広義の社会保障，狭義の社会保障と区別されることもある[(6)]。

　ILO（国際労働機関）基準による社会保障給付費の内訳が「医療」「年金」「福祉その他」の3部門に分類されているように，現在は社会福祉を社会保障の構成要素の一つとする整理が多くなっている。ここでは社会福祉を目的概念と捉えれば社会保障は社会福祉の下位に位置する用語になり，社会福祉を実体概念と捉えれば，社会保障は社会福祉の上位に位置する概念になると，ひとまず理解しておこう（第3章参照）。

　ここまで述べてきた内容を基に，社会福祉とは何かという問いへの答え，社会福祉自体の概念を要約しておく。社会福祉は個人や社会共通の幸せを理想的理念に，社会の変動に対応しながら，戦後は日本国憲法第25条に基づいて，枠組みとしては社会保障の一部門として進化・発展してきた。現在の社会福祉は

健全育成と自立支援を具体的目的の中心におく，一連の制度や法に基づいた政策や実践（民間のボランティア活動を含む）を実体とする動態の概念と整理できる。

（2）基本的人権と子どもの権利

1）社会福祉の根拠は憲法25条

　生活保護法は第1条で法の目的を，日本国憲法第25条の理念に基くと規定している。このように具体的に明記されている例は他にはないが，憲法に続き児童福祉法や身体障害者福祉法，社会福祉事業法（現・社会福祉法）などが相次いで制定されたように現在の，制度や法としての社会福祉の根拠は基本的に日本国憲法第25条に由来する。[7]

　日本国憲法第25条は基本的人権のうちの社会権の一つ，生存権を示す条文として位置づけられている（社会権は他に，教育を受ける権利と労働基本権）。基本的人権（以下，人権）は社会福祉の基盤となる価値の一つだが，保育者の働く場での具体例を挙げると次のような規定がある。

①　保育所は，子どもの人権に十分配慮するとともに，子ども一人一人の人格を尊重して保育を行わなければならない（厚生労働省「保育所保育指針」，保育所保育に関する基本原則，保育所の社会的責任）。

②　私たちは，入所してきた子どもたちが，安全に安心した生活を営むことができるよう，子どもの生命と人権を守り，育む責務があります（全国児童養護施設協議会「全国児童養護施設協議会　倫理綱領」，使命）。

　施設の社会的責任や使命を果たすという点でも，保育者には人権の十分な，言い換えれば一定の理解と実践でのその具体化が求められている。

2）子どもと人権

　日本国憲法公布の翌1947（昭和22）年に制定された当初の児童福祉法は，「すべて児童は，ひとしくその生活を保障され，愛護されなければならない」と第

1条第2項で規定した。また4年後の1951（昭和26）年に国民の道義的規範，すべての国民が守らなければいけない決まり事として内閣総理大臣の招集で集まった国民各層・各界の代表で構成された児童憲章制定会議の制定した，児童憲章の前文は次のようにうたっている。

　　児童憲章前文
　　われらは，日本国憲法の精神にしたがい，児童に対する正しい観念を確立し，すべての児童の幸福をはかるために，この憲章を定める。
　　児童は，人として尊ばれる。
　　児童は，社会の一員として重んぜられる。
　　児童は，よい環境の中で育てられる。

　制定当初の児童福祉法第1条第2項は改正後の児童福祉法でも活かされているし，児童憲章は今もそのまま使われている。その内容は現在でも高く評価される一面を持っている。しかしその反面，両者の内容で示される子どもの権利はすべて大人が子どもに何をするべきか，社会が子どもをどう捉え，どう育てなければならないかという一方向の「与える」「保障される」権利という点であることにも十分，留意しなければならない。

　児童福祉の実践や研究の積み重ねとともに子どもを守る，保護する重要性とともに，人権の尊重という観点から，子どもが「求める」権利も世界的に重要と見なされるようになっている。具体的な例としては，1989年に国連で採択された児童の権利に関する条約（子どもの権利条約）における，意見表明権が「求める」権利の代表的な概念として挙げられる。

　保護者あるいは国や社会といった大人の側が児童に「与える」「保障する」権利を受動的権利と呼ぶ。反対に子どもの側から，子どもの発達段階などに応じて「求める」権利を能動的権利と呼ぶ（第6章第1節参照）。

　ここでは子ども家庭福祉を例にみてきたが，慈善で典型的にみられた豊かな者から貧しい者へ，社会的立場の強い者から弱い者へ，大人から子どもへとい

う一方向の援助への反省から今では，社会福祉全体に共通して，利用者の権利擁護や利用者への情報提供，第三者による支援内容や支援方法の評価（第三者評価）や苦情対応が重視されている。

　サービスの利用者は一見，子どもを預けている保護者のように思えるかもしれない。けれども実際に保育園や児童養護施設などにいて保育・養育されているサービスの実際の利用者は，子どもであるという当り前の事実を保育者は忘れてはならないだろう。

3）ソーシャルワーク専門職のグローバル定義と子どもの権利

　日本ソーシャルワーカー協会の加盟する国際ソーシャルワーカー連盟（IFSW）と国際ソーシャルワーク学校連盟（IASSW）が2014年に発表したソーシャルワーク専門職のグローバル定義には「社会正義，人権，集団的責任，および多様性尊重の諸原理はソーシャルワークの中核をなす」とした上で，「ソーシャルワークの理論，社会科学，人文学，および地域・民族固有の知を基盤として，ソーシャルワークは，生活課題に取り組みウェルビーイングを高めるよう，人々やさまざまな構造に働きかける[8]」とある。

　そこではウェルビーイングを高めることが社会福祉実践の目的概念とされ，その基礎となる原理，言い換えると基本的な考え方や態度として社会正義・人権・集団的責任・多様性尊重が挙げられている。人権についてはこれまでふれてきたので他の3つの概念を子どもの権利という観点から簡単に説明しておこう。

　社会正義は，例えば保育園や児童養護施設で大多数の子どもの幸せや楽しさにつながるからといって一人の子どもがいじめられたり，犠牲になったりするのを許さないという明確な考え方や態度をいう。

　子どもの誰かがいじめられたり，犠牲になったりしないためにはその責任を一人あるいは一部の保育者に押し付けない考え方や態度が何より必要になる。子どもの権利は保育者自身がまず互いのウェルビーイングに責任を持ち，協力し合う中で初めて保障されるという考え方や態度を集団的責任という。

　現在は保育所を利用する外国籍の子どもも増えている。外国籍の子どもの場

合は一目で文化の違いなどがわかりやすいことも多いが，保育園や児童養護施設等を利用しているすべての子どもが，同じように多様な存在であるのを忘れないようにしたい。人種や宗教，話す言葉に限らず性別や障害，保護者の経済状況などで子どもが孤立したり，いじめられたりしないよう常に子どもの権利に配慮する価値や態度を多様性の尊重という。

（3）人間の尊厳と保育・福祉サービスの質

　1995（平成7）年，「いかにして最低限度の生活を保障するかが現実的な理念だった」と戦後のあゆみを振り返り，社会保障の新しい理念を「広く国民に健やかで安心できる生活を保障すること」とする勧告が社会保障制度審議会から提出された。その全体，特に医療や障害・介護で打ち出されたのは「人間の尊厳」の理念で，強調されたことの一つは入院生活の質・入所施設サービスの質という「質」の概念だった。勧告は生存権の保障から「人間の尊厳の理念に立つ」社会保障へ，量の充足から質の向上へ社会保障の理念の重心が移動するメルクマール（中間の目印）になった。

　勧告は最後に「社会を構成する一人一人がかけがえのない個人として尊重され」とうたっている。個人の尊重は日本国憲法第13条で幸福追求権の前に「すべて国民は，個人として尊重される」と規定され，憲法の「根本規範を支える核心的価値が人間の人格不可侵の原則（個人の尊厳の原理）」とされている。個人の尊重（尊厳は第24条の表現）と人間の尊厳を同じとする見方もあるが，上の歴史的経緯や「かけがえのない」という修飾から，勧告での人間の尊厳は個人の尊重（尊厳）より根源的なものとも考えられる。

　例えば日本社会福祉士会などで作る日本ソーシャルワーカー連盟の倫理綱領（ソーシャルワーカーの倫理綱領）は「われわれソーシャルワーカーは，すべての人が人間としての尊厳を有し，価値ある存在であり，平等であることを深く認識する」という一文で始まる。

　この例や勧告での「人間の尊厳」は人為的な法律に基づく権利以前の人間の存在自体の尊厳，その人の人格や意思，生き方や誇りなどの尊重を意味すると

考えられる。

　保育園を例にかみ砕いて言えば，生存権は成長する上で必要な量と質の給食を食べる権利，個人の尊重（尊厳）は給食を分け隔てなく配られる権利，人間の尊厳は良い環境の家庭や大人と同じように何を，どのくらい食べるかを最終的には子ども自身の判断で決められることといえる。

　すでに見たように児童憲章は，目的の簡潔な提示のあと「児童は，人として尊ばれる」という一文から始まる。戦争直後の混乱期という時代背景や極めて多くの子どもが置かれていた切迫した状況と社会保障や社会福祉の当時の水準などからすれば当然ともいえるが，前文に続く条文に，人として尊ばれるとは何を意味するかについての明確な説明はなかった。

　もう食べたくないという仕草に目を注いだり，食べられないという声に耳を傾けたりと，意思表示をそのまま受け入れるかは別にして子どもと真剣に向き合う保育者は過去にもたくさんいたに違いない。けれども，児童の権利に関する条約の重要な概念の一つとして児童の意見表明権が打ち出されるまで，利用者としての子どもの意見や意思は多忙な保育の中で無視されたり，見過ごされたりする場合もよくあったと思われるし，その状況は今も完全になくなってはいない。

　社会福祉の理念や概念から質の高い保育を考えれば，集団保育の場でも児童の意見や意思をきちんと受け止めること，その場ですぐに対応できなかった時はアフターケアを十分に行うこと，発達段階や子どもの個性に応じた自己決定の機会を積極的に作り出すことなどが現代の保育者の課題といえる。

2　子ども家庭支援と社会福祉

（1）現代社会と子ども家庭支援

　少子高齢化，核家族化，地域におけるつながりの希薄化が進む現代社会において，子どもとその家族を取り巻く課題は多岐にわたっている。子どもには保護者等大人の存在が必要であり，家族の抱える問題は直接子どもの生活に影響

を及ぼすこととなる。それゆえ，子どもと家族に対する社会福祉施策全体を理解しておくことは，福祉専門職として児童福祉法に位置づけられている保育士にとって重要である。児童福祉法における保育士に関する条文について，厚生労働省の『保育所保育指針解説』(2018年) では，次のように解説している。

> 「児童福祉法第18条の4は，『この法律で，保育士とは，第18条の18第1項の登録を受け，保育士の名称を用いて，専門的知識及び技術をもつて，児童の保育及び児童の保護者に対する保育に関する指導を行うことを業とする者をいう』と定めている。子どもの保護者に対する保育に関する指導とは，保護者が支援を求めている子育ての問題や課題に対して，保護者の気持ちを受けとめつつ行われる，子育てに関する相談，助言，行動見本の提示その他の援助業務の総体を指す。子どもの保育に関する専門性を有する保育士が，各家庭において安定した親子関係が築かれ，保護者の養育力の向上につながることを目指して，保育の専門的知識・技術を背景としながら行うものである。」

また，社会福祉施策の中から子ども家庭支援の分野について見ると，およそ次のように整理することができる。

① 少子化対策・次世代育成支援
② 子育て支援——保育施策
③ 子育て支援——児童の健全育成施策，児童手当
④ 要保護児童対策——児童虐待への取り組み・社会的養護
⑤ 子どもの貧困対策
⑥ ひとり親家庭等への支援施策
⑦ 婦人保護施策——DV 対応

これらに対する取り組みは，さまざまな制度やサービスから成り立っており，

多くの専門職が実践を担っている。保育士も，保育所をはじめ，社会的養護の施設など幅広い現場で活躍している。

（2）児童福祉法における子ども家庭支援

1947（昭和22）年に成立した児童福祉法は，何度かの改正が行われた後，直近では2016（平成28）年に改正された。改正法では，児童福祉法の理念の明確化等が行われており，本項ではそれについて見ていくこととする。

児童福祉法第１条及び第２条は，「児童の福祉を保障するための原理」であり，児童に関するすべての法令の施行にあたって，常に尊重されなければならない（児童福祉法第３条）とされている。

> **第１条**　全て児童は，児童の権利に関する条約の精神にのつとり，適切に養育されること，その生活を保障されること，愛され，保護されること，その心身の健やかな成長及び発達並びにその自立が図られることその他の福祉を等しく保障される権利を有する。
>
> **第２条**　全て国民は，児童が良好な環境において生まれ，かつ，社会のあらゆる分野において，児童の年齢及び発達の程度に応じて，その意見が尊重され，その最善の利益が優先して考慮され，心身ともに健やかに育成されるよう努めなければならない。
>
> ②　児童の保護者は，児童を心身ともに健やかに育成することについて第一義的責任を負う。
>
> ③　国及び地方公共団体は，児童の保護者とともに，児童を心身ともに健やかに育成する責任を負う。

第１条では「全て児童は」で始まり，「権利を有する」で結ばれている。これは，子どもにどのような病気や障害があっても，どのような環境にいる子どもであっても，等しく権利を有していることを表しており，そのことを保育士は実践の場において常に心に留めておくことが大切である。第２条第１項では，

国民の努力義務が示されている。これも「全て国民は」で始まっており，子ども
もの有無や年齢にかかわらず，すべての国民にとっての努力義務であることが
わかる。第2条第2項では児童の保護者が第一義的責任を負うとし，第3項で
は国及び地方公共団体は児童の保護者とともに責任を負うことが示されている。

　次に，国及び地方公共団体の責務の中で，第3条の2では家庭と同様の環境
における養育の推進について示されている（条文は第3章2参照）。

　このように，国，都道府県，市町村には，児童の保護者に対する支援につい
て責務があることが明確にされている。なお，「家庭」とは，実父母や親族等
を養育者とする環境を，「家庭における養育環境と同様の養育環境」とは，養
子縁組による家庭，里親家庭，ファミリーホーム（小規模住居型児童養育事業）
を，「良好な家庭的環境」とは，施設のうち小規模で家庭に近い環境（小規模グ
ループケアやグループホーム等）を各々指している。

（3）保育と子ども家庭支援

　本項では，「保育所保育指針」[15]における子ども家庭支援の位置づけについて
解説する。

1）保育所保育指針

　「保育所保育指針」は，1965（昭和40）年に策定され，2008（平成20）年度の
改定に際して告示化された。その後，2015（平成27）年4月から子ども・子育
て支援新制度が施行された。この間，保育所が果たす社会的な役割は増大して
きており，それをふまえて2015（平成27）年12月に社会保障審議会児童部会保
育専門委員会が設置され，幅広い見地から保育所保育指針の改定に向けた検討
が行われた。そして，保育専門委員会における「保育所保育指針の改定に関す
議論のとりまとめ」（2016〔平成28〕年12月21日）を受けて，新たに保育所保育指
針（平成29年厚生労働省告示第117号）が公示され，2018（平成30）年4月1日よ
り適用されることとなった。[16]

　今回の改訂には5つの方向性が挙げられているが，その内の一つが「保護
者・家庭及び地域と連携した子育て支援の必要性」である。

「保護者に対する支援」が保育所保育指針に章として設けられたのは，前回の2008（平成20）年度の改定時であった。その後，多様化する保育ニーズに応じた保育や，特別なニーズを有する家庭への支援，児童虐待の発生予防や発生時の対応など，さらに子育て家庭に対する支援の必要性は高まっている。こうしたことをふまえて，改定前の保育所保育指針における「保護者に対する支援」の章を「子育て支援」に改め，内容の整理と充実が図られている。[17]

2）保護者との相互理解

ここでは，保育所保育指針第4章の2「保育所を利用している保護者に対する子育て支援」について見ていくこととする。以下，条文を挙げつつ解説する。

「(1)　保護者との相互理解
　ア　日常の保育に関連した様々な機会を活用し子どもの日々の様子の伝達や収集，保育所保育の意図の説明などを通じて，保護者との相互理解を図るよう努めること。
　イ　保育の活動に対する保護者の積極的な参加は，保護者の子育てを自ら実践する力の向上に寄与することから，これを促すこと。」

保護者と保育所との相互理解は，子どもの家庭での生活と保育所生活の連続性を確保し，育ちを支えるために欠かせない。

保育所は日々の送迎時の対話や連絡帳をはじめ，保護者へのお便り，保育参観や行事，個人面談，家庭訪問など，保護者と日常的に接する機会があることが特徴であり，保護者と緊密な連携を保ちやすい児童福祉施設である。その特徴を活かし，子育て支援を行っていくことが望まれる。

また，保育の活動に対する保護者の参加は，保護者の子育てを自ら実践する力の向上に寄与するという捉え方も重要である。これは保護者のエンパワメント[18]につながるという発想であり，保育所の活動が保護者へも働きかけていることを示している。

3）保護者の状況に配慮した個別の支援

「(2) 保護者の状況に配慮した個別の支援

ア　保護者の就労と子育ての両立等を支援するため，保護者の多様化した
　　保育の需要に応じ，病児保育事業など多様な事業を実施する場合には，
　　保護者の状況に配慮するとともに，子どもの福祉が尊重されるよう努め，
　　子どもの生活の連続性を考慮すること。

イ　子どもに障害や発達上の課題が見られる場合には，市町村や関係機関
　　と連携及び協力を図りつつ，保護者に対する個別の支援を行うよう努め
　　ること。

ウ　外国籍家庭など，特別な配慮を必要とする家庭の場合には，状況等に
　　応じて個別の支援を行うよう努めること。」

　保護者の仕事と子育ての両立等を支援するため，多様な保育の需要に応じた
事業を実施する場合は，保護者への配慮とともに子どもの生活の連続性への考
慮が求められる。延長保育や病児保育などが必要な状況は，保護者にとっては，
長時間の勤務や子どもが病気でも休めないということを表しており，子どもに
とっては，通常の保育とは異なる環境や集団で過ごし，病気であれば不安も強
いということとなる。双方にとって，負荷がかかっている状況をふまえた関わ
りが求められる。

　また，保育所には障害や発達上の課題がある子どももおり，近年は医療的ケ
アが必要な子どもの受け入れも進められている。

　障害者の権利に関する条約（2014年1月批准）第19条で障害者の地域社会への
参加・包容（インクルージョン）の促進が定められている。また，子ども・子育
て支援法（平成24年法律第65号）第2条第2項において，「子ども・子育て支援
の内容及び水準は，全ての子どもが健やかに成長するように支援するものであ
って，良質かつ適切なものでなければならない」と規定している。他にも，障
害を理由とする差別の解消の推進に関する法律（平成25年法律第65号）第5条で

は，社会的障壁の除去のための合理的配慮について規定している。また，発達障害者支援法（平成16年法律第167号）第7条は，市町村は保育の実施に当たって，「発達障害児の健全な発達が他の児童と共に生活することを通じて図られるよう適切な配慮をするものとする」と規定している。[19]

　このように，障害や発達上の課題をもつ子どもについては，法的な整備が進められている現状をふまえておく必要がある。さらに，外国籍家庭や外国にルーツをもつ家庭，ひとり親家庭，貧困家庭等，特別な配慮を必要とする家庭では，社会的な困難を抱えている場合も多い。すべての子どもたちが共に育つ保育の実践のためにも，関係機関との連携と保護者への個別支援が求められる。

4）不適切な養育等が疑われる家庭への支援

「(3)　不適切な養育等が疑われる家庭への支援
　ア　保護者に育児不安等が見られる場合には，保護者の希望に応じて個別の支援を行うよう努める。
　イ　保護者に不適切な養育等が疑われる場合には，市町村や関係機関と連携し，要保護児童対策地域協議会で検討するなど適切な対応を図ること。また，虐待が疑われる場合には，速やかに市町村又は児童相談所に通告し，適切な対応を図ること。」

　少子化，核家族化，地域内におけるつながりの希薄化が進む中で，子育てをする上で孤立感を抱く人や，子どもに関わったり世話をしたりする経験が乏しいまま親になる人も増えている。子どもや子育てについての知識がないために，適切なかかわり方や育て方がわからなかったり，不安を抱いたりする保護者がいることは，容易に想像することができる。このような保護者には，保育者は寄り添う関わりを持つとともに，専門性を活かした支援を行う必要がある。

　さらに，不適切な養育や虐待が疑われる場合には，子どもの最善の利益を重視した支援を行うことが大切である。そのような状況の場合，保育所と保護者の間に対立が生じる可能性があるが，まずはそのような事態にならないよう，

日頃より保護者と子どもとの様子に気を配り，保護者と保育者の関係づくりをしておくことが求められる。

そして，保育所だけの対応では限界があると判断される場合には，関係機関との密接な連携がより強く求められる。特に，児童虐待防止法が規定する通告義務は，保育所や保育士等にも課せられており，虐待が疑われる場合には，市町村または児童相談所への速やかな通告とともに，これらをはじめとする関係機関との連携，協働が求められる。

5）地域の保護者等に対する子育て支援

次に，第4章の3「地域の保護者等に対する子育て支援」について解説する。

「(1) 地域に開かれた子育て支援

ア 保育所は，児童福祉法第48条の4の規定に基づき，その行う保育に支障がない限りにおいて，地域の実情や当該保育所の体制等を踏まえ，地域の保護者等に対して，保育所保育の専門性を生かした子育て支援を積極的に行うよう努めること。

イ 地域の子どもに対する一時預かり事業などの活動を行う際には，一人一人の子どもの心身の状態などを考慮するとともに，日常の保育との関連に配慮するなど，柔軟に活動を展開できるようにすること。

(2) 地域の関係機関等との連携

ア 市町村の支援を得て，地域の関係機関等との積極的な連携及び協働を図るとともに，子育て支援に関する地域の人材と積極的に連携を図るよう努めること。

イ 地域の要保護児童への対応など，地域の子どもを巡る諸課題に対し，要保護児童対策地域協議会など関係機関等と連携及び協力して取り組むよう努めること。」

地域のつながりの希薄化が指摘されている現代において，地域における子育て支援の役割を担う保育所に対する期待は高まっている。保育所はその意義を

認識し，積極的に地域に対する働きかけをしていくことが求められる。その際には，地域の関係機関との連携を図ることが必要で，日頃からの情報共有や協力が求められる。

注

(1)　『保育所保育指針解説』（厚生労働省編）では，「保育士等は，保育所における保育という営みが，子どもの人権を守るために，法的・制度的に裏付けられていることを認識し，憲法・児童福祉法・児童憲章・児童の権利に関する条約などにおける子どもの人権等について理解することが必要」と規定している。

(2)　ハーバード・ビジネス・レヴュー編集部編，DIAMOND ハーバード・ビジネス・レヴュー編集部訳『幸福学』，ダイヤモンド社，2018年，3頁，「日本語版によせて　幸せに働く時代がやってきた」。前野は「幸せは，happy（楽しい状態）と well-being（良い状態）を含む広い概念」ともいう。

(3)　倉橋惣三『育ての心　上』（フレーベル新書⑫）フレーベル館，1976年，序，8頁。初出は1936（昭和11）年，刀江書院。

(4)　全国保育協議会と全国保育士会は必要な知識・専門技術・理念などを習得し，現場ならびに地域のリーダーとして活躍する人材を養成するために「保育活動専門員」の資格認定を行っている。保育のスキルアップのためにも理念と概念の表面的ではない理解が求められている。

(5)　措置は今も虐待されている児童の一時保護や里親への委託，児童養護施設等への入所など，社会福祉の重要な手段になっている。

(6)　「日本の長期統計系列第23章　社会保障解説」（総務省統計局 HP，2019年12月20日アクセス）では，未来への指針として長期統計を安定する必要上，1999（平成11）年度まで使用されていた整理が掲載されている。そこでは広義の社会保障，狭義の社会保障，社会福祉の3段階で整理されている。

(7)　第25条に加えて第13条の幸福追求権が社会福祉の根拠として挙げられることもある。ただし，憲法学の通説では「個別の人権を保障する条項との関係は，一般法と特別法の関係にあると解されるので，個別の人権が妥当しない場合にかぎって第13条が適用される」（芦部信喜，高橋和之補訂『憲法　第六版』岩波書店，2015年，120頁）とされる。

(8)　社会福祉専門職団体協議会国際委員会「ソーシャルワーク専門職のグローバル定義と解説」（日本社会福祉士会 HP，2019年12月20日アクセス）。

(9)　「イギリスの社会保障体制に刺激を受け」作られた体制を見直した勧告の名称は「社会保障体制の新構築（勧告）──安心して暮らせる21世紀の社会を目指して」。

ノーマライゼーションの理念やバリアフリー・共生・福祉社会など現在へ続く多く
　　の概念も盛り込まれた。

⑽　芦部，前掲書，10頁。根本規範とは「自然権を実体化した人権規定は，憲法の中
　　核を構成する」規範と説明されている（自然権は注13の天賦人権と同じ）。

⑾　第24条（家族関係における個人の尊厳と両性の平等）「2　配偶者の選択，…
　　（中略）…家族に関するその他の事項に関しては，法律は，個人の尊厳と両性の本
　　質的平等に立脚して，制定されなければならない」。

⑿　　社会福祉専門職団体協議会代表者会議「ソーシャルワーカーの倫理綱領」（日本
　　ソーシャルワーカー連盟 HP，2019年12月20日アクセス）。

⒀　2005（平成17）年，参議院憲法調査会は「検討されるべき新しい人権」として，
　　知る権利・プライバシーの権利・環境権・自己決定権・生命倫理・知的財産権・犯
　　罪被害者の権利を取り上げた（参議院憲法審査会ホームページ）。「人為的」とは国
　　会の立法措置で権利は変わる，変わってきたことをいう。

⒁　厚生労働省『保育所保育指針解説』2018年，342頁。

⒂　保育所保育指針（平成29年厚生労働省告示第117号）。

⒃　厚生労働省，前掲書，3-5頁。

⒄　同前書，6頁。

⒅　当事者の力を引き出し，さまざまな生活課題に対して自ら対処，解決できる能力
　　を強化すること。

⒆　厚生労働省，前掲書，351-352頁。

参考文献
・第1節
マイケル・サンデル／鬼澤忍訳『これからの「正義」の話をしよう──今を生き延び
　るための哲学』早川書房，2011年。
・第2節
厚生労働省編『保育所保育指針解説』フレーベル館，2018年。

<table>
<tr><td>第2章</td><td>社会福祉の歩み</td></tr>
</table>

1 第2次世界大戦以前

（1）明治期以前の慈善・救済活動

　生活上のさまざまな困難のうち，特に貧困に苦しむ人々を救済することは古来より実践されてきたが，明治期以前つまり近代国家が成立する以前は血縁や地縁による相互扶助が基本であり，律令体制のもと天皇をはじめとする皇室や幕府といった為政者による限定的な救済活動と，主に宗教家による個別的な慈善活動が行われていたに過ぎなかった。

1）古代──飛鳥・奈良・平安時代

　古代社会の特質は，第1に天皇を中心とする統一国家体制の確立がなされたということ，第2に公家・寺社による私的土地所有が行われ，国民の多数が公民および荘民として2重の支配を受けていたことにある。この時期，聖徳太子による四天王寺四箇院[(1)]が設立されたといわれている。また，律令政府は貧困に苦しむ農民に対して，わが国で初の公的救済制度戸令[(2)]を制定，役所からの現物支給が行われていた。その他，奈良時代には，仏僧行基が諸国巡行の傍ら貧困者への慈善活動に力を入れた。

2）中世──鎌倉・室町時代

　平安時代後半には律令体制の下での中央集権体制が崩れ，公家による荘園が設置され私的支配が強まった。同時に荘園を警備していた武士団が支配階級として登場，以後，武士が公家と併存しながら徐々に支配権を獲得していった。政治的統制力が弱く上からの組織的施与や救済活動に目立ったものが少なかったため，農民は一揆で強硬に救済を要求したり，惣村では上層農民が小領主的

性格を強めるなど，村落共同体での相互扶助活動を活発化させ貧困問題を自主的に解決する方法を生み出した。戦国時代に突入すると，相次ぐ戦乱で庶民の生活は貧窮するようになった。上杉謙信などのように，富国強兵政策として，民力の涵養や民生の安定化のために備荒や慈善救済に取り組む大名は現れたものの，積極的な公的救済が行われることはなかった。一方，キリシタンによる慈善活動が行われるようになったのもこの頃である。

3）近世──安土桃山・江戸時代

　この時代の特質は，中世末期の混乱が収束され，将軍＝幕府と大名＝藩が強力な領主権によって土地と領民統治する強固な中央集権的封建制国家，幕藩体制が完成したことにある。農民の中には，幕府や藩による搾取に加えて，度重なる天災や凶作・飢饉により離農・離村して日雇いや浮浪者といった都市貧民にならざるを得なかった者が多数いた。幕府と藩では，農業労働力を確保して年貢の増収を図るために，棄児や間引きの禁止令の発布や，五人組制度の強化に努めた。また村落共同体の中でも「結い・もやい」と称する共同労働組織や，「講」に見られる生活援助機能が発展した。一方，江戸を中心とする都市では，五人組制度の他，常設の窮民救育所や七分積金制度，小石川養成所，石川島人足寄場などが作られた。

（2）明治期の救済制度と慈善事業

　1868（明治元）年，明治維新後のわが国では，資本主義国家として近代国家の整備を進めることとなった。結果，封建制解体による都市への人口流入は，スラム街の形成や浮浪貧民者の増大を生じさせた。また1894（明治27）年の日清戦争を契機とする産業革命の進展は，低賃金・長時間労働など，より深刻な労働問題を発生させることになった。しかしながら，こうした状況に対する新政府の対応は，「富国強兵」「殖産興業」の下，西欧先進諸国に追いつくことが急務の状況下において，国家による貧困者救済は貧困者＝怠け者を増加させるだけであるとした考え方もあり，極めて限定的対応でしかなかった。一方，こうした政府による貧困者救済の不備を補うために，キリスト教や仏教関係の

宗教家や篤志家などによる民間慈善事業活動が活発化し，現在の子ども家庭福祉につながる先駆的な実践が行われた。

1）恤救規則

恤救規則とは1874（明治7）年に明治政府が貧困者の公的救済制度として定めたものであり，後の救護法制定まで継続された。恤救規則は「人民相互の情誼」，すなわち血縁や近隣同士による相互扶助を基本理念とし，70歳以上の老衰者，重病により労働できない者，13歳以下の子どもであって，誰にも頼ることのできない「無告の窮民」を対象に米の現物給付を行った。この極めて制限的な規定のために，救済の適応者はもともと少数に過ぎなかったにもかかわらず，さらにさまざまな手続きを必要とすることで受給対象者をさらに制限した。

2）民間慈善事業家の活動

孤児や棄児等のための施設としては，1887（明治20）年，石井十次による岡山孤児院が，その代表例として挙げられる。キリスト教徒であった石井は，小舎制による家庭的養護や里親制度を導入するなど，施設の運営・処遇の近代化を図り，現代の児童養護施設に通じる先駆的な実践を試みた。

障害児のための施設としては，1891（明治24）年に，石井亮一が濃尾地震の震災孤児を引き取り東京で聖三一孤女学院を開設したが，その後，知的障害児入所施設（福祉型障害児入所施設）として設立された滝乃川学園が，その代表例として挙げられる。

また，保育事業は貧困家庭の子どもを対象として発展した。赤沢鍾美は乳児を抱えて学校に来る子守りのために，1890（明治23）年に託児所である新潟静修学校付設託児所を設立した。また1898（明治31）年には，野口幽香と森嶋峰の2人のキリスト教徒が，東京四谷のスラム街で貧困労働者家庭の子どもを対象に設立した二葉幼稚園（現・二葉保育園）は，日本の保育事業における先駆的役割を果たした。

非行・犯罪の児童に対する施設としては，1899（明治32）年にキリスト教徒であった留岡幸助が，東京で設立した巣鴨家庭学校（現・北海道家庭学校）が，

その代表例として挙げられる。犯罪の要因は家庭環境や少年期の育ちにあること，そのために不良少年には，良い環境において教育や道徳的な視点で対応する感化教育こそが重要であると考え，感化法の制定並びに各都道府県に公立感化院を設置（教護院→児童自立支援施設）することに尽力した。

（3）大正期から昭和前期の社会事業

　この時代，資本主義国家であるわが国においては産業革命を経て階級分化が進み，貧困問題を中心とした資本主義体制のマイナス面がさらに表面化した。1914（大正3）年，第1次世界大戦によって景気は好転したが，戦時下のインフレで市民生活は苦しくなった。さらに1929（昭和4）年の世界恐慌は昭和恐慌をもたらし，失業者の増大により低所得者層と農村の窮乏化を進展させた。長期の深刻な不況時代への突入はより一層の社会不安を人々にもたらし，結果，ロシア革命の翌年の1918（大正7）年の米騒動を契機に，小作争議や労働争議といった社会運動が激化した。

　この背景には人々の貧困に対する社会的認識の変化があり，労働問題や低所得者層の生活困難の社会的解決を目指す政治的自覚が大正デモクラシーの基盤となった。当時の政府にとって，資本主義体制の危機的状態にもつながりかねないこうした社会運動への対応は急務で，貧困や労働問題に向き合わざるを得なくなったため，1920（大正9）年には社会事業行政を行う内務省社会局が設置され，慈善事業に変わって社会事業という言葉が一般的に使われはじめるようになった。

1）方面委員

　米騒動後導入された岡山県の済世顧問制度や大阪府の方面委員制度は，地域に密着した委員が貧困者の生活状況を細かく把握することで，貧困者の生活を救済することを目的として成果を挙げ，やがて1936（昭和11）年に方面委員令という形で全国の市町村に普及していった。

2）救護法

　すでに社会の需要に適応できなくなっていた恤救規則に代わり，1929（昭和

4）年には救護法⁽³⁾が成立した。これは，救済対象の拡大，内務省救護課の設置，補助機関としての方面委員制度の導入，さらには救護費の負担区分を明示して国の公的救済義務を打ち出した点では評価できるが，親族相救や隣保相扶が基調であること，対象制限や国からの恩恵であることを依然として強調していることなど，貧困者にとって受給しにくい制度である点では恤救規則と違いがなかった。財政難を理由に時間はかかったが，方面委員の働きかけによって1932（昭和7）年から実施された。

3）戦時厚生事業

　世界恐慌以降の危機的状況の克服の過程は，経済・社会に対する国家の積極的な役割を増大させることになった。その方向は2つに分かれ，一つはイギリスやアメリカのように民主主義的に社会保障・社会福祉を充実させていく方向，もう一つは日本やドイツのように全体主義的に国民を国家目的に従属させながら社会保障を変質させる方向である。満州事変，日中戦争，第2次世界大戦へと軍事的緊張が高まる過程においては，社会事業もその影響を受け，戦争に役立つ人的資源の確保，健民健兵政策へと変質し，名称も厚生事業と改められた。1938（昭和13）年には厚生省が設置されるとともに，救護法を分化させた母子保護法や医療保護法，軍事扶助法の他，民間施設への補助を規定した社会事業法が制定されたが，これはむしろ，その規制・監督に重きが置かれたものであった。慈善事業から近代的な社会事業へと一連の基礎固めが行われたのは，戦時体制という状況を媒介に行われたということがいえるが，これらが本来の社会事業，社会福祉事業として発展していくのは第2次世界大戦後のこととなる。

2　第2次世界大戦後から高度経済成長期

（1）戦後社会と福祉三法体制の整備──1945年〜

　1945（昭和20）年に第2次世界大戦は終結，敗戦国となったわが国はGHQ（連合軍最高司令官総司令部）の占領下におかれた。戦争末期からの激しい生活崩壊と戦後の経済的，社会的混乱から国民は総飢餓状態となり，特に戦災者や引

揚者，復員軍人，戦争による身体障害者，戦災孤児・浮浪児の生活苦は深刻だった。

1946（昭和21）年，こうした貧困層の救済を急務として，GHQは日本政府に対して「社会救済に関する覚書」により国家責任の原則，無差別平等の原則，最低生活の保障の原則という3原則を提示し，民主化と非軍事化を基調とした社会福祉施策の整備を求めた。これを受けて戦前の各援護法は見直され，1946（昭和21）年に（旧）生活保護法が制定された。しかしこの法律には欠格条項があったことや不服を申し立てる権利がなかったことなど，大きな問題があった。

その1カ月後に制定されたのが日本国憲法である。その第25条では，第1項で「生存権」が，第2項で「社会福祉の増進は国の責務である」ことが明記された。続いてこれを具現化する方向で，翌年の1947（昭和22）年には戦災浮浪・孤児対策として児童福祉法が，1949（昭和24）年には戦災障害者や傷痍軍人などへの対策として身体障害者福祉法が制定された。さらに1950（昭和25）年には全面改正された（新）生活保護法が制定され，「福祉三法」体制が確立された。

さらに，1951（昭和26）年には，社会福祉事業の種類や範囲，その規制と監督，福祉事務所や社会福祉主事，社会福祉法人の仕組み等について定めた社会福祉事業法が制定され，対象別の社会福祉サービスや施設について定めた福祉三法とともに，戦後社会福祉の基盤となった。その後1951（昭和26）年に，サンフランシスコ講和条約および日米安全保障条約が締結，GHQによる間接統治は終了した。

（2）高度経済成長期と福祉六法体制への拡充──1950年代後半〜

1956（昭和31）年，『経済白書』の「もはや戦後ではない」という言葉に象徴されるように，1950年代後半から1970年代初頭まで続いた高度経済成長は，国民の生活水準を豊かにしたが，一方で，工業化，都市化，過密過疎化，核家族化などの進行，貧困問題，公害問題など新たな社会問題を生んだ。特に同年の『厚生白書』で「わが国の低所得階層人口がふくれあがり…（中略）…黒々と

して立ちはだかっている鉄の壁」と示された膨大な低所得者層に対して，1958（昭和33）年には国民健康保険法，1959（昭和34）年には国民年金法を新たに制定，「国民皆保険・皆年金体制」の確立をもって「鉄の壁」撤去に取り組むことになった。また1960（昭和35）年に精神薄弱者福祉法（1998年に知的障害者福祉法に改称），1963（昭和38）年に老人福祉法，1964（昭和39）年に母子福祉法（2014年に母子及び父子並びに寡婦福祉法に改称）を制定，先の福祉三法と合わせて「福祉六法」体制を確立し，社会福祉関連法や社会福祉施設の整備が，措置制度に基づき行政主導で実施された。

　その後1973（昭和48）年には老人福祉法改正によって「老人医療費無料化制度」が導入されることになり，予算編成にあたって社会保障費を大幅に増額した政府は，この年を「福祉元年」と宣言した。

3　低経済成長と福祉見直し・日本型福祉社会

　1973（昭和48）年，福祉元年宣言の同年10月，「オイルショック」により高度経済成長期は終わりを遂げる。財政危機打開のため，政府は福祉元年一転，社会福祉の分野において直ちに財政削減や行政の効率化を求める，いわゆる「福祉見直し」を進めることとなった。この福祉見直しの要点は，福祉供給体制の再編成と受益者負担の原則の導入である。戦後モデルとされてきた西欧型福祉国家構想は変更を余儀なくされ，在宅福祉を中心とした家族や地域の自助努力による「日本型福祉社会」を新たに創造するという提案がなされた。

　その後，高齢化だけでなく少子化を視野に入れて，福祉見直し，日本型福祉社会を具体化するよう，1989（平成元）年に「今後の社会福祉の在り方について」が示された。ここでは，①市町村主体による政策の重視（団体委任事務化と国庫補助率の削減），②在宅福祉サービスの明確化（補助金の法的根拠の確立），③シルバーサービスの育成，④人材養成と人材確保，などの課題が示され，これに沿ったかたちで，法整備や福祉サービス基盤整備のための高齢者・児童・障害者福祉の分野における福祉計画の策定が行われた。

福祉見直しおよび日本型福祉社会構想において示された受益者負担の原則は，人口の高齢化に直面していた時期でもあることから，まずは高齢者の分野で進められた。1982（昭和57）年に老人保健法（現・高齢者の医療の確保に関する法律）が制定され，老人医療費の無料化が変更され一部自己負担制度が導入された。さらに従来の入所施設中心から在宅福祉およびそれを支える地域福祉中心へ，サービス提供の基盤を変更するために，国と地方自治体との負担割合についても，在宅福祉サービスについては国の負担を増やす一方で，入所施設などの措置費については国の負担を減らすなどの見直しが行われた。

　次いで，社会福祉施設（児童福祉施設・身体障害者援護施設・知的障害者援護施設・特別養護老人ホーム等）の入所措置事務も，市町村に権限移行された。

　さらに1987（昭和62）年に制定された社会福祉士及び介護福祉士法は，福祉専門職の処遇の社会化等への対応と社会福祉の民営化を促進するために，有料老人ホームなどのシルバーサービスを提供する企業に国家資格者を勤務させ，質の維持の担保を図ることを目的としていた。

　その後，1990（平成2）年の老人福祉法等の一部を改正する法律（福祉関係八法改正）の制定をもって，社会福祉法および社会福祉基礎構造改革の体系化を進めるための最小限の法整備がなされた。

（1）高齢者福祉の展開

　1989（平成元）年に策定された「ゴールドプラン」（高齢者保健福祉推進10か年戦略）は，高齢者保健福祉の分野における公共サービスの基盤整備を進めるために，高齢化の状況や保健福祉サービスに関する既存の社会資源の現状を踏まえた上で，2000（平成12）年までの10年間の高齢者のニーズと保健福祉サービスの量を明らかにし，サービス供給体制を計画的に整備することを示したものである。

　翌年の福祉関係八法の改正において，ゴールドプランを実施するために，老人福祉法と老人保健法の改正が行われた。主なポイントは次の3点である。第1は，高齢者施設についての入所措置権限が都道府県から町村へ移行され，結

果，高齢者福祉サービスはすべて市町村において提供されることになったこと，第2は，ホームヘルプサービス・デイサービス・ショートステイサービスなどの在宅福祉サービスについては，都道府県や一部の市での実施に対して国がその費用の一部について補助金を支給するという方法から，国の制度として格上げし法律に基づいて補助金を支給する方式に変更，入所施設中心の福祉から在宅福祉や地域福祉中心の福祉に移行する政策がいっそう進められたこと，第3は，ゴールドプランに基づき，都道府県および市町村に対して「老人保健福祉計画」の策定が義務づけられたことである。

　その後，1994（平成6）年の「21世紀福祉ビジョン――少子・高齢社会に向けて⁽⁴⁾」により，ゴールドプランの見直しが必要となったこと，また都道府県および市町村の老人保健福祉計画の集計値が現行のゴールドプランで示されたニーズを大幅に上回る結果となったため，1995（平成7）年に「新ゴールドプラン」（新・高齢者保健福祉推進10か年戦略）として新たに取りまとめられた。

（2）子ども家庭福祉の展開

　1990（平成2）年の「1.57ショック」という少子高齢化対策に急迫した状況を受け，21世紀福祉ビジョン策定と同年の，1994（平成6）年に「エンゼルプラン」（今後の子育て支援のための施策の基本方向について）が策定された。具体的には「緊急保育対策等5カ年事業」として，保育所の増設，乳児保育や延長保育，地域子育て支援センターが予算化され，少子化対策がようやく始動されることとなった。

　一方，1994年に政府は，「子どもの権利条約」（児童の権利に関する条約）を批准，児童虐待の防止等に関する法律制定に向けてのステップとなった。

（3）障害者福祉の展開

　1981年の「国際障害者年」，1983年の「国連障害者の10年」を通じてノーマライゼーションの理念が定着したことから，障害者福祉の分野においても施設福祉から在宅福祉への移行が推進された。1993（平成5）年には，心身障害者

対策基本法が障害者基本法に改称された。また，国連障害者の10年の終了に伴い策定された今後10年間の新長期計画は，障害者基本法による「障害者基本計画」として位置づけられた。

4　社会福祉基礎構造改革とその後の展開

　ゴールドプラン・エンゼルプラン・障害者プランといった社会福祉計画の策定は，国だけでなく都道府県や市町村レベルにおいても計画行政が求められるようになった点において評価できる。しかし1991（平成3）年のバブル崩壊以後，日本経済の低迷・混迷は続き，計画実施の財政的ゆとりはないのが現実であった。一方で少子・高齢社会，家族機能の低下，金融危機，地域格差の問題などにより，社会福祉サービスはある特定の対象者だけが利用するものではなく，国民の誰もが利用する時代になった。

　そこで，1951（昭和26）年に社会福祉事業法が制定されて以後はじめて，誰もが自立した生活を目指すことができる新しい制度の構築を目指して，社会福祉事業や社会福祉法人，措置制度など社会福祉の共通基盤についての見直しがなされることになった。具体的には，社会福祉基礎構造改革，社会福祉法の成立で方向づけられ，その後各福祉分野で具体的な制度改革が進行し，21世紀に向けた社会福祉の基礎が整えられた。

（1）社会福祉基礎構造改革と社会福祉法

　社会福祉基礎構造改革とは，1998（平成10）年から取り組まれてきた「社会福祉基礎構造改革について」（社会福祉事業法等改正案大綱骨子）としてまとめられた。この改革は，個人が尊厳をもってその人らしい自立した生活が送れるよう支えるという社会福祉の理念に基づいて推進されるものであり，その主たる内容は，①個人の自立を基本とし，その選択を尊重した制度の確立，②質の高い福祉サービスの拡充，③地域での生活を総合的に支援するための地域福祉の充実の3点である。1980年代の法整備が従来の制度の枠組みを残しつつ利用者

負担を導入する形で進められたのに対して，この改革は枠組みそのものを大きく変化させる形で進められた。

　社会福祉基礎構造改革に基づき，翌年の2000（平成12）年には「社会福祉の増進のための社会福祉事業法等の一部を改正する法律」が制定され，これにより社会福祉事業法は社会福祉法と改正された。

（2）高齢者福祉の展開

　社会福祉基礎構造改革に関する本格的な検討は1997（平成9）年に始まったが，同年にはその考えを取り入れた介護保険法が成立し2000（平成12）年より施行された。これは21世紀福祉ビジョンで示された「国民誰もが身近に必要な介護サービスがスムーズに手に入れられるシステムの構築」を受けてのものであり，措置制度改め利用者が福祉サービスを自由に選択できるよう社会保険システムが採用された。また，民間事業者による社会福祉サービス実施へのきっかけとなった。

　また1999（平成11）年には，各地方自治体の介護保険事業計画に基づき，高齢者保健福祉施策の一層の充実を図るために，「今後5カ年間の高齢者保健福祉施策の方向」（ゴールドプラン21）が策定された。

（3）子ども家庭福祉の展開

　1997（平成9）年，児童福祉法は社会福祉基礎構造改革に先駆け大幅に改正され，児童福祉施設の名称変更と施設の統廃合，「保母→保育士」の名称変更のほか，また，保育所・母子生活支援施設（旧・母子寮）・助産施設への入所が措置制度から行政との選択利用制度へ移行された。さらに2010（平成22）年の改正では，障害児施設の見直しにより障害種別の一元化が，2012（平成24）年の改正では，障害児施設の名称変更が実施された。

　一方，「新エンゼルプラン」（2000～2004年），「子ども・子育て応援プラン」（2005～2009年）の実施に続き，2010（平成22）年には子ども・子育て新システム検討会議が設置された。これを受けて，2012（平成24）年には子ども・子育

て関連3法の制定，2015（平成27）年には子ども・子育て支援新制度が施行された。この一連の動きは消費税率引き上げによる財源確保を前提にするものであり，すべての子ども・子育て家庭を対象に，幼児教育・保育と地域の子ども・子育て支援を総合的に拡充することを目的とするものである。これによって，保育所と幼稚園を「幼保連携型認定こども園」（以下，認定こども園）として一体化し普及させること，保育所・幼稚園・認定こども園への「施設給付」および小規模保育等への「地域型保育給付」の創設による給付形態の一本化，市町村における子ども・子育て会議の設置および計画策定などが定められた。合わせて，同年に児童福祉法も改正され，保育要件が「保育に欠ける→保育を必要とする」に変更されたほか，認定こども園が児童福祉施設として規定された。

　また，児童養護施設や乳児院などの施設養護については，2009（平成21）年に国連総会において「児童の代替的養護に関する指針」が採択されたことを受けて，2011（平成23）年には「社会的養護の課題と将来像」が，2017（平成29）年には「新しい社会的養育ビジョン」が示された。これは，戦後，施設養護の大半を占めてきた大規模な施設養護を改め，施設の小規模化や里親養育など家庭的養護への急転換を求めるものであり，実施に向けては課題が山積している。

（4）障害者福祉の展開

　1995（平成7）年の「障害者プラン──ノーマライゼーション7カ年戦略」（障害者プラン）は，障害者基本計画を実施するための重点計画であり，障害者が地域社会の中で共に暮らせる社会をつくるために，1996〜2002年の7カ年で，保健福祉に限らず，住宅，教育，雇用，通信・放送など障害者の生活全般に渡る施策の重点的推進を図るために，ホームヘルパーの増員等の数値目標を盛り込んだ障害者施策初の総合計画である。その後，2002（平成14）年には新しい障害者基本計画及びそれに基づく「新障害者プラン」が発表された。

　また障害者プラン発表の同年，1995（平成7）年には，精神保健及び精神障害者の福祉に関する法律（精神保健福祉法）も制定された。

　その後，2000（平成12）年の社会福祉法の成立によって，障害者福祉サービスの利用は措置制度から選択利用制度に移行したが，サービスにかかる支援費支給等その他については，2003（平成15）年に支援費制度，2006（平成18）年に障害者自立支援法，2012（平成24）年に障害者総合支援法（障害者の日常生活及び社会生活を総合的に支援するための法律）が施行されるまで制度改正が繰り返された。

　障害者自立支援法の特徴は，①3障害（発達障害を含む）の種別にかかわらず，障害者が同じようにサービスを利用できるよう制度を一元化したこと，②支援の必要度に関する客観的な尺度によって，支援の必要性を決定する仕組みを明確化したこと，③安定的な財源を確保するために応益負担を導入したこと（2009年に応能負担に改正），④障害者福祉計画の策定を義務化したことにあった。しかし，一定額の自己負担による利用者の経済的負担が増加，市町村によるサービス提供の地域格差などの問題で改正が求められた。

　障害者総合支援法の特徴としては，障害者自立支援法の特徴に加えて，①対象者の拡大（難病を対象とする），②ケアホームとグループホームの一元化，③重度訪問介護の利用拡大，④障害福祉計画の定期的な見直しによるサービス基盤の整備，などの点を挙げることができる。

5　諸外国の動向──イギリス・アメリカ・スウェーデン

（1）イギリス

1）救貧法と民間慈善活動

　16世紀のイギリスにおいては，中世封建社会から近代国家への移行は，資本主義という社会システムを通して行われた。その過程で多くの農民が土地を追われ都市に流出，結果，都市では浮浪者や物乞いが増大し，新しい貧困者層が形成されることになった。こうした背景の中，1601年に救貧法（通称エリザベス救貧法）が成立した。世界初の国による救貧政策であったが，その内容はすべての貧民を懲罰対象として扱おうとするもので，①「有能貧民」（労働能力の

ある人）に対しては「院外救済」（在宅のまま工場や自宅での強制労働），②「無能
貧民」（労働能力のない人）に対しては「院内救済」（「救貧院」に収容して強制労
働），③扶養者のない子どもに対しては徒弟奉公を課した。

　その後，18世紀には産業革命が契機となり，生活困窮者がさらに増え続けた
ため，救貧法には若干の改良が加えられた。しかし，救済費の拡大に社会的批
判が集まったために，救済引き締めを目的に1834年に新救貧法が制定され，①
救済水準を全国一律にするための中央機関の設立，②有能貧民の居宅保護を廃
止して，「労役場」（ワークハウス）での強制労働に限定，③「劣等処遇の原則」
（公的救済の内容は最下層の賃金労働者の生活状態より低いものでなければならい）が
導入された。

　こうした救貧法の脆弱さや伝統的地域社会の弱体化に代わって，17世紀以降
は民間慈善活動が活発化することになった。1869年に設立された慈善組織協会
（COS：Charity Organization Society）は地区ごとの要救済者の個別調査，民間の
慈善事業団体の連絡調整，友愛訪問による援助などを行った。また1884年，
バーネット夫妻は，都市のスラム地区で生活している貧困者に対して，住み込
みで人格的接触を図りながら生活改善をして社会改良を図るセツルメント運動
の拠点として，トインビー・ホールを設立した。こうした取り組みは，後にア
メリカでソーシャルワークへと発展していくことになる

２）福祉国家の成立

　19世紀末から20世紀初頭，ブース（C. Booth）の「ロンドン調査」やラウン
トリー（B.S. Rowntree）の「ヨーク調査」によって，貧困の原因が低賃金と雇
用の不安であることが指摘されるなど貧困への認識が高まり，貧困救済は国家
が積極的に取り組むべきものとする考え方が広がりをみせた結果，1908年には
老齢年金法，1911年には国民保険法が成立した。

　その後，第２次世界大戦中の1942年には，国民生活を保障することを提言し
た「ベヴァリッジ報告」が公表され，「ゆりかごから墓場まで」をスローガン
として，国家が国民の生活を保障することが約束された。大戦後は，社会保険
と国民保健サービスを中核とする社会保障制度が整備され，福祉国家体制が確

立されていくこととなった。

続く1968年の「シーボーム報告」，およびこれを受けて1970年に成立した「地方自治体社会サービス法」によりコミュニティケアの方向性が打ち出された。

3）福祉見直し論とコミュニティケア改革

オイルショックを契機とする1970年代の経済危機以降，福祉見直し論が唱えられる。特に1980年代，サッチャー政権による新保守主義の台頭は，国家の果たすべき役割の縮小をはかる「小さな政府」を目指すものであり，福祉国家政策は大きく転換した。1998年のグリフィス報告を受けて，1990年に成立した国民保健サービス及びコミュニティケア法によって，保健医療と対人福祉サービスの民営化が促進され，地域で生活する要支援者のニーズに対応して多様な福祉サービスが提供できる体制が整備されることとなった。

4）第三の道とその後

1997年に誕生した労働党ブレア政権は，旧来の福祉国家路線や小さな政府とも異なる「第三の道」を目指して，「ウェルフェアからワークフェア」として，従来の現金給付中心の福祉政策から若者に対する教育・就労の支援への転換を図るなど，福祉国家の再構築を進めた。

その後2010年には，保守党と労働党の連立政権の下，保守党党首のキャメロンは，第三の道で展開された施策やプログラムの廃止を進め，緊縮財政をより鮮明に打ち出した政策を展開することとなった。

（2）アメリカ

1）救貧法

アメリカは，歴史的特質上他国に比べて封建制社会の重みが少なかったことや，豊かな土地と資源の存在が自助独立の精神的土壌を育んできたことで，封建制社会から近代資本主義社会を形成する上での条件に恵まれていた。反面，貧困＝個人の責任とする考え方は強固で，連邦政府は小さな政府として，国民の生活保障については最低限度の役割を果たすのみで，公的救済制度は州を中

心として実施されてきた。結果，1935年の社会保障法成立に至るまで，政府による取り組みはほとんど見られなかった。唯一の公的救済制度は，イギリス同様の救貧法を州単位で実施するのみで，19世紀初頭の産業革命や毎年数百万単位で流入しつづける移民によって新たに生じた貧困層や社会問題に対しても，救貧院を設置するにとどまった。

2）慈善組織協会とセツルメント運動

19世紀以降の貧困や社会問題の解決を担ったのは，イギリスから導入された慈善組織協会とセツルメント運動である。アメリカ初の慈善組織協会は1877年にバッファローで設立され，その後約15年間で全米主要都市に92団体が設立された。また，1866年ニューヨークにはネイバーフッドギルド，1889年シカゴにはハル・ハウスが開設され，セツルメント活動が展開された。

こうした民間私的救済事業の活発化に伴って，ソーシャルワークの専門化に特化していったことも，アメリカにおける社会福祉の特徴である。こうした活動は，1910年頃からはソーシャルワークといわれるようになった。

さらに，慈善組織協会やセツルメントハウスで働く人の増加に伴い，ソーシャルワーカーの養成校が開設された。1917年にはリッチモンド（M. Richmond）によって慈善組織協会の友愛訪問（ケース調査活動）がケースワーク理論として確立され，以後ソーシャルワークの科学化，ソーシャルワーカーの専門職化が進められることとなった。

3）社会保障の成立とその後

1929年に起きた世界恐慌を受けて，ルーズベルト民主党政権は1933年にニューディール政策を発表して失業対策に取り組んだ。続いて1935年には世界初の社会保障法を制定，これは社会保険制度（老齢年金・失業保険）と公的扶助（老人扶助・要扶養児童扶助・盲人扶助）を軸に，社会福祉サービス（母子保健・児童福祉等）から構成されていた。

1960年代は，経済的繁栄の裏で貧困と人種差別問題がクローズアップされ，ジョンソン民主党政権は「貧困との戦い」を宣言，「高齢者・障害者医療保険」（メディケア）と「低所得者医療扶助」（メディケイド）を導入した。また1975年

には，社会保障法 XX 改正によって社会福祉サービスが所得保障と分離して規定され，州の権限のもと個別的なサービスとして体系づけられた。

　1980年代には，ベトナム戦争の敗北や長期的不況などにより，レーガン共和党政権が新保守主義政策の下で福祉見直しがなされた。

　1990年代のクリントン民主党政権下では，安価で安全な福祉サービスの構築に向けて福祉改革が進められた。貧困世帯の自立支援と公的扶助の節減を目的に1996年に貧困家庭一時扶助を制定，就労や職業訓練への参加を公的扶助の受給要件とした。こうした「ワークフェア」（就労による福祉）の考え方は，各国の社会福祉政策にも大きな影響を与えた。

　2008年，金融危機の中でオバマ民主党政権が誕生，2010年制定の「オバマケア」は貧困者の民間保険加入を容易にするためのもので，建国以来，全国民を対象とした包括的な公的医療保障制度の存在を認めてこなかったアメリカにおいては，画期的な取り組みとなった。

（3）スウェーデン

1）国民の家

　1638年にデンマークから独立したスウェーデンは，1800年代までは貧しい農業国であった。19世紀後半，産業革命によって出現した都市低所得者層の労働・生活環境は劣悪で，労働組合は労働争議の一方で相互扶助活動にも取り組んだ。労組の活動は1889年の社会民主労働党（以下，社民党）の結成に結実，20世紀初頭の隣国ロシア革命の影響の下で躍進するに至った。さらに1930年代の世界恐慌以降の危機的状況の中，党首ハンソンはスウェーデンの将来あるべき姿を，「国民の家（国家が一つの家のようになる福祉国家）」と表現し，国民の支持の下でスカンジナビア諸国初の社会民主主義的な政府を誕生させた。その後，企業には法人税の負担軽減や経済効率を犠牲にしてまでの雇用義務は課さないことで競争力強化を促し，また個人には雇用の創出と再就職支援を行うことで税収を安定させた。一方その費用で個人に対する多様な社会サービスの手厚い提供を可能にするという，経済政策と社会福祉政策を組み合わせた政策を展開

し，1932〜1976年の長期政権となった。世界恐慌後，他国が第2次世界大戦へと傾倒していく中，国外的には中立政策を守り抜き，国内的には基礎年金法，児童扶養手当，公的保育施設など，国民の家の実現に向けた社会保障の整備に力を入れた結果，1940年までには福祉国家としての基盤が形成されていた。

2）福祉国家の確立

第2次世界大戦後の欧州諸国の戦後復興特需によって景気が好転したことを背景に，高齢者の経済的自立を図るための基礎年金法の改正を実施した後，引き続き，従来からあった複数の救護制度の公的扶助制度への再編や，完全雇用や最低賃金の法整備の実施など，他国に先駆けた社会保障政策を展開した。加えて，戦後特需により1950年代には労働力不足に直面した結果の女性の社会進出促進政策や，戦前より高齢者の経済的自立への法整備をしてきた結果の高齢化対策など，常に他国に先駆けた取り組みをせざるを得ない状況が生み出されたことが，福祉国家形成の推進力にもなった。その後，福祉国家の形成は，1960年代「黄金の時代」といわれる空前の好景気を経て1970年代前半まで順調に進み，「高成長・高負担・高福祉」のスウェーデンスタイルは，世界から注目をされるようになった。

3）ノーマライゼーションと社会サービス法

ノーマライゼーションは，デンマークのバンク-ミケルセンらによって理念が提唱され，スウェーデンのニィリエによって広められた。その後世界に広がり，1975年の国連「障害者権利宣言」，1980年の「国際障害者年行動計画」の基本理念として位置づけられ，福祉の理念として社会に浸透していった。

一方，1970年代後半の低経済成長時代の到来と高齢化の進展に伴い福祉財政は厳しく，高負担が問題になってきた。加えて黄金の1960年代には国民には勤労意欲の低下が，企業には革新・競争意欲の低下が生じていた。この流れを受け1976年に社民党は下野することになったが，福祉国家の道は放棄されることはなく，限られた資金の中で効果的なサービスを実施するため，1980年に社会サービス法が制定された。この法律で，社会サービスの権限がコミューン（市町村）に移行され，ノーマライゼーションの理念の下で地域ネットワークや在

宅福祉サービスが推進されることになった。また，この法律は，福祉に関する
基本法としてそれまでの公的扶助法や児童保護法等を統合し，福祉サービスを
包括的に規定するものであった。

4）エーデル改革と機能障害者・援助サービス法（LSS法）

　エーデル改革とLSS法は，社会サービス法で示された脱施設化やノーマラ
イゼーションの具現化を一層進展させるために実施された。1990年に不動産バ
ブルによる経済危機を迎え，1992年にエーデル改革が実施された。この改革で
ランスティング（県，21カ所）が担当していた高齢者医療の一部がコミューン
（市町村，290カ所）に移されたことによって，医療・福祉といった高齢者のケア
を一本化し，その質の向上とサービスの整備をコミューンの責任で効果的かつ
効率的に行うことが可能になった。

　また在宅サービスを充実することによって社会的入院を減少させ，高齢であ
っても本人が望む限りは自宅での生活を可能にするための体制整備を進めた。
翌1993年にはLSS法が制定，障害種別であった障害者福祉の各関係法を統合
し，コミューンに権限を移行した。この法律は，社会サービス法よりさらに重
度障害者の権利を手厚くするもので，日常生活における個別支援のための専属
補助者であるパーソナル・アシスタンスが，機能障害に応じたニーズ，例えば
車の運転やパソコン操作，調理といった日常生活における自立支援をするほか，
障害者宅を訪問し，友人のような立場から日常生活上のアドバイスをしたり，
孤独にならないために社会生活に参加したりすることを支援するコンタクト
パーソンや，外出時に付き添い，支援するガイドヘルパーなど，日常生活にお
ける個別支援のための専属補助者が導入された。

注

(1)　593（推古元）年，聖徳太子が設立したと伝えられている。療病院（病院），施薬
　　院（薬草園・薬局），敬田院（寺院），悲田院（孤児や身寄りのない老人の救済を行
　　ったわが国最初の慈善事業施設）からなる。
(2)　「鰥寡孤独貧 窮 老疾」を対象としたわが国で初めての公的救済制度。鰥は61歳以
　　上で妻のない者，寡は50歳以上で夫のない者，孤は16歳以下で父のない者，独は61

歳以上で子のない者，貧窮は生活困窮者，老は66歳以上の者，疾は疾病者のことで
あり，こうした人々には役所からの現物支給が行われた。

(3)　①対象者（貧困のために生活できない65歳以上の老衰者，13歳以下の幼者，妊産
婦，傷病あるいは身体または精神の障害により労務を行うのに支障があり，扶養義
務者のない者に限定，②救護機関（市町村長），③救護の種類（生活扶助，医療扶
助，助産扶助，生業扶助）として，原則居宅救護とし，補充的に収容救護を実施。

(4)　1994（平成6）年に取りまとめられた。少子・高齢化社会を見据えて，国民の誰
もが安心して暮らせる社会を構築するために，公的サービスと民間サービスの組み
合わせによる適正給付と適正負担という福祉社会の実現に向けて，従来の社会保障
給付費の構造を「年金5：医療4：福祉1」から「年金5：医療3：福祉2」程度へ
とすることが提案された。以後，この提案趣旨に沿った形でエンゼルプランや介護
保険制度が展開されることとなった。

(5)　利用者負担の考え方。サービスを利用したことによる利益・便益に応じて費用を
負担することを応益負担，利益・便益の程度にかかわらず所得などの支払い能力に
応じて費用を負担することを応能負担という。

参考文献

岩田正美・大橋謙策・白澤政和編著『現代社会と福祉　第2版』ミネルヴァ書房，
　2014年。
厚生労働統計協会『国民の福祉と介護の動向』（厚生の指標　増刊，第66(10)）2019年。
室田保夫編著『人物で読む近代日本社会福祉のあゆみ』ミネルヴァ書房，2008年。
山縣文治・岡田忠克編『よくわかる社会福祉　第11版』ミネルヴァ書房，2019年。

第3章	社会保障・社会福祉の制度と法体系

1　社会保障及び関連制度

（1）国民生活と社会保障

　皆さんは，社会保障という言葉を聞いたことがあるだろうか。ほとんどの人は耳にしたことがあると思う。ところが，「社会保障とは何か」と問われたならば，皆さんは即答できるだろうか。本項では，社会保障の意味は何か，なぜ私たちの社会において社会保障が存在するのかという問題意識の下，社会保障とは何かという問いについて整理する。

1）「社会保障」の意味づけ

　まず，社会保障はどのように定義されているのであろうか。古くは1950（昭和25）年の社会保障制度審議会による「社会保障制度に関する勧告」(1)（以下，「1950年勧告」）において，社会保障制度とは「疾病，負傷，分娩，廃疾，死亡，老齢，失業，多子その他困窮の原因に対し，保険的方法または直接公の負担において経済保障の途を講じ，生活困窮に陥った者に対しては，国家扶助によって最低限度の生活を保障するとともに，公衆衛生及び社会福祉の向上を図り，もってすべての国民が文化的社会の成員たるに値する生活を営むことができるようにすること」と定義した上で，このような社会保障の責任は国家にあると規定していた。つまりここでは，敗戦直後の現状に鑑み，貧困からの救済に主眼が置かれていた。

　しかし，その後の社会保障の各制度が充実してきたこともあり，社会保障の目的は，「1950年勧告」当時の貧困からの救済を中心とした「最低限度の生活の保障」から，近年における社会保障の定義としては，1993（平成5）年に社

表3-1　社会保障及び関連する制度

①　社会保障（給付） 　　国民の生活の安定が損なわれた場合に，国民に健やかで安心できる生活を保障することを目的として，公的責任で生活を支える給付を行うもの。 　　（具体的には，社会保険または社会扶助の形態により，所得保障，医療及び社会福祉などの給付を行うもの。） ②　社会保障の基盤を作る制度 　　・医療や福祉についての資格制度，人材の確保，施設の整備，各種の規制等 　　・公衆衛生，環境衛生，公害防止等 ③　社会保障と類似の機能を果たす制度 　　生活に関わる税制上の控除（公的年金等控除，障害者控除等） ④　社会保障が機能するための前提となる制度 　　雇用政策一般及び住宅政策一般

資料：総理府社会保障制度審議会事務局監修「安心して暮らせる21世紀の社会を目指して」
出所：厚生労働省編『厚生労働白書 平成29年版』日経印刷，2017年。

会保障制度審議会が「国民の生活の安定が損なわれた場合に，国民にすこやかで安心できる生活を保障することを目的として，公的責任で生活を支える給付を行うもの」と再定義されている[(2)]。さらに，同審議会は，社会保障および関連する制度を表3-1のように整理した。

2）「社会保障」の必要性

　それでは，このような社会保障はなぜ私たちの社会において存在しているのであろうか。なぜ必要なのであろうか。

　私たちは，日常生活を営むにあたって自らの責任では対応しきれないさまざまなリスクに直面しているからに他ならない。それらは，「長生き」「早死」「病気やけが」「障害」「失業」「介護」などであり，これらは私たちにとって共通するリスクといえる。しかし，これらのリスクは正確には予測できない。例えば，自ら何歳まで生きるかについて確実に予想することは不可能である。しかも，どのような健康状態で過ごしていくかに関しても，さらに予測することが困難と言わざるを得ない。このように，正確には予測できないからこそ社会全体で支えていくことが必要となり，ここに社会保障の存在価値が見出せるのである。言い換えれば，社会保障は，社会を構成する人々が共に助け合い支え合うという相互扶助と社会連帯の考え方が基盤となっているのである。

3）国民生活を支える方法

相互扶助と社会連帯の考え方を基盤として私たちの生活を守るために，社会保障は社会保険と社会扶助の2つの財政方式を採用している。

①　社会保険

社会保険とは，共通するさまざまなリスク（傷病・労働災害・退職や失業による無収入など）に備えて，人々が集まって集団（保険集団）をつくり，あらかじめ金銭（保険料）を出し合い，保険事故にあった人に必要な金銭やサービスを支給する仕組みである。つまり，保険料を支払った者が給付を受けられるという自助(3)の精神を活かしつつ，強制加入の下で，社会連帯や共助(4)の側面を併せもった仕組みを社会保険というのである。

②　社会扶助

社会扶助は，租税を財源として保険の技術を用いず給付を行うものであり，公助(5)の側面をもつ。資力調査を伴う「公的扶助」やある一定の要件に該当する人々に現金を給付する「社会手当(6)」，子ども家庭福祉，障害者福祉，高齢者福祉等の各種「福祉サービス」が該当する。

（2）社会保障を構成する制度

社会保障制度の制度体系は，さまざまな視点からの整理方法がある(7)。例えば，法律を根拠とした制度に基づく整理に従えば，社会保障は社会保険，公的扶助，社会福祉，公衆衛生（および医療）という4つの制度に分類される。また，分野別でみると，所得保障，医療保障，社会福祉に分類され，財政方式の相違の視点からは，前述したように社会保険と社会扶助に区分される。さらに，給付形態別でみると，現金給付と現物給付にも大別できる。

　ここでは，社会保障制度審議会が示した「社会保障及び関連する制度①社会保障（給付）」に基づき，社会保障の分野と財政方式を中心に給付形態の視点を付加して社会保障制度の体系を概観する。

1）所得保障

所得保障は，老齢や失業，疾病やけがなどのリスクによって生じる経済的必

要性に対応して，現金を給付する制度のことである。社会保険としては年金保険，雇用保険，労働者災害補償保険などが該当する。わが国の年金は，20歳以上60歳未満の全国民が加入する国民年金（基礎年金）制度を土台として，被用者を対象とした報酬比例の厚生年金が上乗せされる2階建ての構造となっている。主な給付は，老齢給付，障害給付，遺族給付である。20歳以上のすべての国民が年金に加入するという意味で「国民皆年金」と呼ばれている。

雇用保険は，労働者が失業した場合や雇用の継続が困難となった場合に，労働者の生活や雇用安定，就職促進を目的とするとともに，職業に関する教育訓練を受けた場合にそれぞれ現金給付が行われる。また，失業の予防，雇用機会の増大，労働者の能力開発・向上など，労働者福祉の増進を図るための雇用安定事業や能力開発事業を展開している。

労働者災害補償保険（以下，労災保険）は，労働者の業務災害，通勤災害に対して，現金給付や現物給付などの必要な保険給付を行うことにより，労働者の社会復帰の促進，被災した労働者とその家族の生活援護等を図ることを目的としている。

社会扶助の中にも，所得保障に位置づけられる制度が存在している。その一つが，最低限度の生活を保障し，自立を助長することを目的とする生活保護（生活扶助など）である。さらに，児童手当や児童扶養手当などの社会手当，母子・父子・寡婦福祉の資金貸付，生活困窮者自立支援制度の住宅確保給付金なども含まれる。

2）医療保障

わが国の場合，医療保障の中心にあるのは医療保険である。医療保険は年金保険と同様にすべての国民が何らかの医療保険に入り，医療サービスという現物給付を受ける制度であり，「国民皆保険」と呼ばれている。どのような医療保険に加入するかは，職場や居住する地域などによって決まる。大別すると，雇用されている労働者が加入する被用者保険（職域保険）と農業，自営業，無職の者などを対象とする国民健康保険（地域保険），75歳以上を対象とする後期高齢者医療制度がある。[8]

　被用者保険において最も多く加入しているのは，民間企業の労働者とその家族が加入する健康保険であり，次いで，国民健康保険となっている。また，国家公務員，地方公務員，私立学校教職員などが職域ごとに加入する各種共済組合がある。さらに，所得保障に位置づけられる労災保険も，疾病やけがの治療を担う療養補償給付が存在することから同時に医療保障にも位置づけられる。

　その他に，社会扶助としては，生活保護法上の医療扶助，障害児（者）福祉における自立支援医療が加わり，さらに高齢者の医療の確保に関する法律による後期高齢者医療と生活習慣病健診・保健指導，そしてこれらを補完する公費負担医療などから構成されている。⁽⁹⁾

3）社会福祉

　社会福祉は，社会扶助としての生活保護（介護扶助など），子ども家庭福祉，身体障害者福祉，知的障害者福祉，高齢者福祉，母子及び父子並びに寡婦福祉など，サービス利用者（対象者）別に分類される。以前は，救貧制度の一部として狭い範囲で行われていたが，高度経済成長以降，ニーズを抱えるすべての人々に対する福祉サービス（現物給付）へと発展した。

　また，福祉サービスの供給システムも，基本的には行政がサービスの利用者の意向とは別に，画一的にその内容を決定する「措置」によって実施されていたが，介護保険の導入や社会福祉基礎構造改革の中で，サービス利用者が自ら選択することを可能にする「契約」方式に移行してきた。

　なお，社会保険の一つである介護保険は，介護給付・予防給付という福祉サービスの提供を行うために社会福祉分野にも位置づけられる。

　このように，財政方式から社会保険や社会扶助に制度が区分されたとしても，分野の視点から整理すると，一つの制度が多様な分野にまたがっている（表3-2，次頁）とともに，社会保障制度が生涯にわたる生活を支援する制度として，国民生活に不可欠なものとなっているということが理解できる。

（3）社会保障制度が担う機能

　このような制度構成をもつ社会保障は実際にどのような機能を果たし，国民

表 3-2　社会保障の分野と財政方式／給付形態

財政／給付 分野	社会保険	社会扶助	給付形態
所得保障	年金保険 医療保険 　・傷病手当金 　・出産育児一時金等 雇用保険 労働者災害補償保険 　・休業補償給付 　・障害補償給付 　・遺族補償給付 　・介護補償給付等	生活保護 　・生活扶助 　・教育扶助等 社会手当 　・児童手当 　・児童扶養手当等 母子・父子・寡婦福祉 　・母子(寡婦)福祉資金貸付 生活困窮者自立支援制度 　・住宅確保給付金	現金給付
医療保障	医療保険 　・療養の給付等 後期高齢者医療 労働者災害補償保険 　・療養補償給付	生活保護 　・医療扶助 障害（児）者福祉 　・自立支援医療 公費負担医療	現物給付 (医療サービス)
社会福祉	介護保険	生活保護 　・介護扶助 各種社会福祉制度	現物給付 (福祉サービス)

出所：広井良典・山崎泰彦編著『社会保障 第3版』ミネルヴァ書房，2017年を参考に筆者作成。

の暮らしにどのような効果を及ぼしているのであろうか。ここでは主として「生活安定・向上機能」「所得再分配機能」「リスク分散機能」「経済安定機能」について取り上げる[10]。

1）生活安定・向上機能

　社会保障の諸制度は，病気やけが，介護，失業や稼得能力を喪失した高齢期，さらに不測の事故による障害など，人生において生起する生活の安定を損なうさまざまな事態に対して，貧困に陥ることを予防する防貧的な役割とともに，貧困に陥ったものを救済する救貧の役割を果たしつつ，生活の安定を図り安心をもたらしている。

　また，生活の安定化が図られることは，個々人の能力に応じた社会参加を促すことにもなり，社会全体の活性化にもつながるとされている。

2）所得再分配機能

　所得再分配機能は，市場を通じて配分された所得の格差を是正する役割のこ

とをいう。例えば，生活保護制度は，租税を財源として高所得層から調達した資金を低所得層へ移転させる垂直的再分配を行っている。また，社会保険の中の医療保険は健康な人から病気の人へ，雇用保険では被用者から失業者への所得移転のように同一所得階層での水平的再分配もある。なお，年金保険のように現役世代から高齢世代への所得移転を世代間再分配と呼ぶ場合もある。

3）リスク分散機能

個人の力のみでは対応し難い生活上の不確実なリスクに対し，社会全体で対応する仕組みのことである。例えば，すべての国民が国民皆保険の下，公的な医療保険に加入し，病気やけがというリスクを集積させ予防的に備える。そして，実際にこのような状況に至った場合において，患者が支払う医療費の自己負担額を軽減（リスクの分散）し，国民に対して良質かつ高度な医療を受ける機会を平等に保障するのである。

4）経済安定機能

社会保障給付を通じて，景気変動を緩和する経済安定化機能や経済成長を支えていく機能のことである。具体的には，雇用保険において機能するといわれる。不況時に失業した際に支給される失業給付金は，個人生活の視点では失業することにより喪失する稼得収入を補てんする役割をもつとともに，経済的視点では消費減少による景気の下落を抑制する効果をもっているのである。自動的に景気の変動に対応し，安定化させるように機能するという意味で，景気の自動安定化装置（ビルト・イン・スタビライザー）と呼ばれる。

（4）子どもを育てる世帯に対する社会保障制度

保育を学ぶ学生にとって，子どもを育てる世帯を支援する社会保障制度を理解することは重要である。近年，特にひとり親世帯の約50％が貧困であるという調査結果[11]からも理解されるように，ひとり親世帯への支援の在り方が課題となっている。そこで，ここでは，ひとり親世帯及び貧困世帯に対する主な社会保障制度として「児童扶養手当」と「生活保護制度」についてまとめる。

1）ひとり親世帯への支援策としての児童扶養手当

　児童扶養手当は，離婚等により父または母がいないひとり親世帯などの生活保障の一助として支給されるものであり，所得に応じて全額支給される場合と一部支給される場合がある。また，所得上限額以上である場合は全額支給停止となる。2019（令和元）年度は，児童1人の場合，月額4万2,910円（全額支給）から1万120円（一部支給）までとなっており，児童2人目は1万130円から5,070円を加算し，3人目以降は1人当たり3,040～6,080円を加算することになっている。

　2019（令和元）年9月時点の児童扶養手当の受給世帯数は95万7,440世帯であり，そのうち約91％（87万4,801世帯）が母子世帯となっている。[12]

2）貧困世帯への支援策としての生活保護制度

　生活保護は，生活に困窮するすべての国民に対して，その困窮に応じて必要な保護を行い，健康で文化的な最低限度の生活を保障するとともに，その自立を助長する制度である。

　保護の種類は，生活扶助（日常生活に必要な費用など），教育扶助（義務教育の学用品費など），住宅扶助（家賃など），医療扶助（医療サービスの費用など），介護扶助（介護サービスの費用など），生業扶助（就労に必要な技能の修得等にかかる費用（高等学校等へ就学するための費用を含む）など），出産扶助（出産費など），葬祭扶助（葬祭費用など）の8種類に区分され，これらが必要に応じて「単給」または「併給」で行われる。[13]さらに，これらの基準は年齢別，世帯構成別，所在地域別などに設定されている。

　2019（令和元）年9月現在，生活保護受給世帯数162万7,210世帯のうち，最も多い世帯は高齢者世帯（55.1％）であり，母子世帯数は8万1,230世帯（5.0％）となっている。[14]とはいえ，2016（平成28）年の世帯保護率（当該世帯の中で生活保護を受給している世帯割合）[15]をみると，全世帯の平均32.6‰に対して，高齢者世帯は63.1‰と約2倍になっているが，母子世帯は138.9‰と高齢者世帯の2倍強の値を示している。[16]つまり，生活保護受給世帯に占める母子世帯の割合は低いが，世帯保護率からみると母子世帯の経済的基盤の弱さが理解でき

る。さらに，生活保護を受給している母子世帯の約50％が稼働していることから，母子世帯の経済的な脆弱さと同時にワーキングプアの問題も潜んでいるといえる。[17]

3）子どもの貧困に対する支援策

なお，貧困世帯への支援策の課題として「貧困の連鎖」が挙げられており，有子世帯特に子どもの貧困支援の強化が叫ばれてきた。このような状況を踏まえ，2013（平成25）年6月に「子どもの貧困対策の推進に関する法律」（以下，子どもの貧困対策推進法）が，そして同年12月に「生活保護法の一部を改正する法律」と「生活困窮者自立支援法」が成立した。「子どもの貧困対策推進法」は，2014（平成26）年1月17日に施行され，この法律に基づく大綱が作成された。

この法律では，「子どもの将来がその生まれ育った環境によって左右されることのないよう，貧困の状況にある子どもが健やかに育成される環境を整備するとともに，教育の機会均等を図るため，子どもの貧困対策に関し，基本理念を定め，国等の責務を明らかにし，及び子どもの貧困対策の基本となる事項を定めることにより，子どもの貧困対策を総合的に推進することを目的」として，国や地方公共団体は「教育の支援」「生活の支援」「保護者に対する就労の支援」「経済的支援」「子どもの貧困に関する調査研究」を行うとしている。[18]

（5）関連制度としての公衆衛生

ここでは，社会保障として具体的に触れてこなかった公衆衛生の内容について整理する。公衆衛生は社会医学[19]の一分野に位置づけられ，生活習慣病の予防，介護予防，地域保健の推進等を扱う領域をもつ。

具体的に公衆衛生の扱う分野には，結婚・妊娠・出産，そして乳幼児の健康についての母子保健，学童・生徒・学生の健康についての学校保健，各種職場で働く上での健康についての産業保健，高齢者の健康についての老人保健などがある。また，自然環境に関する環境保健，地域における保健活動としての地域保健，精神疾患の治療や予防に関する精神保健がある。さらに，近年では新

興感染症の予防などの感染症対策や栄養調査，健康教育の推進，受動喫煙の防止対策などの健康増進法に基づく事業も公衆衛生の扱うべき分野となっている。

このような広範多岐にわたる公衆衛生の地域活動は，地域保健法の下で保健師を中心に保健所，市町村保健センターを拠点として展開されてきた。団塊世代が後期高齢者へと移行する「2025年問題」[20]が迫ってきている今日，疾病予防から医療と介護が連携して包括的なサービス提供に至るまでの，超高齢社会を支える新しい公衆衛生システムの構築が重要である。

（6）社会保障の今後の方向性

社会保障制度改革国民会議が2013（平成25）年に取りまとめた「報告書——確かな社会保障を将来世代に伝えるための道筋」においては，社会保障制度の改革の方向性を，①「1970年代モデル」から「21世紀（2025年）日本モデル」へ，②すべての世代を対象とし，すべての世代が相互に支え合う仕組み，③女性，若者，高齢者，障害者などすべての人々が働き続けられる社会，④すべての世代の夢や希望につながる子ども・子育て支援の充実，⑤低所得者・不安定雇用の労働者への対応，⑥地域づくりとしての医療・介護・福祉・子育て，⑦国と地方が協働して支える社会保障制度改革，⑧成熟社会の構築へのチャレンジなどが示されていた。社会保障の将来像については，さまざまな機関・組織から提言，報告書が提示されているが，いずれもほぼ同様の内容となっている。

このような方向性が示されている中で，私たちは将来の社会保障を展望するためにも，「自らの生活をどのように考え，よりよい生活を送るために社会保障制度はいかにあるべきか」という視点が重要なのである。その意味で，社会保障は公的責任で行われるが，社会保障の推進主体は私たち一人ひとりともいえるのである。少子高齢化，人口減少そして財政状況など環境変化のなかで，私たちは社会保障に対して「受け身」ではなく「主体的」な姿勢つまり「一人ひとりにかかわる問題」という意識をもつことが肝要なのである。

2　社会福祉の制度と法体系

（1）社会福祉の制度と法律——私的な制度から「法制度」へ

　社会福祉の制度についてみるならば，第2次世界大戦の終戦を境に，わが国が「法治国家」（国民の意思によって制定された法律に基づいて国政が行われる国家）へと転換を図ったのに伴い，それまでの私的で任意な制度から，法律に基づいて構築された，いわば「法制度」へと大きな転換を図ることとなった。

1）法律のない（未整備な）私的な制度の時代

　社会福祉の歴史をみても，元々は親族や近隣などの血縁・地縁関係における互助の活動や，ある特定の個人や団体（宗教団体など）による，私財を投じての慈善的活動などがその活動の中心であった。そこにはそれらの活動を支える法律等も特にはなく，あくまでも個々の当事者の情宜や道義などの内的規範に支えられた私的な性格のものが中心だった。その意味で，その当時の社会福祉の制度といっても，まだ私的な制度の域を出るものではなかった（第2章参照）。

2）法律に基づいた法制度の時代

　だが，終戦を境に，それが大きく変わることとなった。それは，日本が「法治国家」に転換したことや，「ナショナルミニマム」[21]（国家によって保障される国民の必要最低限の生活水準）の考えや，「社会権」[22]（人間らしい生活を営むために国民が国家に対して保障を要求する権利）についての考えなどが導入されたことによる。このことを端的・具体的に示しているのは，日本国憲法第25条（生存権の保障）が規定されたことである。この条文で，国が社会福祉や社会保障などの向上・増進に努力しなければならないことが明記されており，社会福祉の法体系の整備による公的な法制度の構築が進められることとなった（第1章1参照）。

（2）日本における法体系と日本国憲法

1）法体系の理解

　図3-1の通り，日本の法体系は，日本国憲法を頂点とした，ピラミッド型

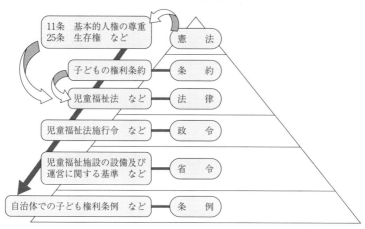

図 3 - 1　法の階層関係

出所：みらい「法律等を読み解くうえで必要な基礎知識」(https://www.mirai-inc.jp/support/roppo/index.html) 1頁。

の体系で示すことができる。

①憲　法：「国の最高法規」と位置づけられている。

②条　約：国家間で締結された国際的合意のこと。

③法　律：国の立法機関である国会で制定される国の規範である。

④政　令：内閣が制定する命令。法律では定めていない細部を補う事項を規定。

⑤省　令：各省の大臣が制定する命令。法律や政令で未規定の細部の事項を規定。

⑥条　例：地方自治体が定める地方の規範。

　この他にさらに（法令ではないが），国や地方自治体などが広く一般に向けて行う「通知」や，通知などの内容を国民に知らせる「告示」がある。

2）日本国憲法と社会福祉

　実は，1946（昭和21）年に公布された日本国憲法において初めて「社会福祉」

図3-2　社会福祉の体系──3つの柱

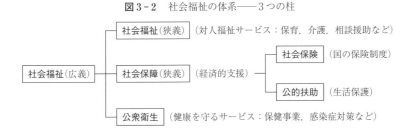

という言葉が登場している。それは前述したように，日本国憲法第25条において である。同法では，すべての国民がもつ「健康で文化的な最低限度の生活を 営む権利」（生存権）を，国家の責任において保障するために，国の努力義務と して初めて「社会福祉，社会保障および公衆衛生」の向上・増進が明記されて いる。この「社会福祉，社会保障，公衆衛生」が，まさにそれらを一括りとす る（より広義の）「社会福祉」における3つの柱として捉えることができるだろ う（図3-2参照）。憲法の同規定が，以上の3つの柱をなす社会福祉の公的な 整備・推進の根本的な理念であり法的な根拠となっているのである。

（3）社会福祉の法体系

1）社会福祉の根本法──「社会福祉法」

1951（昭和26）年に制定された「社会福祉事業法」が改正されて，2000（平 成12）年にこの法律（「社会福祉法」）が制定されることとなった。

① 法律の性格と目的

社会福祉の全分野の共通基盤について規定している法律で，その目的は，福 祉サービス利用者の利益の保護と，地域福祉の推進を図り，社会福祉事業の適 正な実施や健全な発展を図って，社会福祉をより一層増進させることにある。

② 社会福祉事業法から社会福祉法へ

社会福祉事業法での福祉サービスの利用方法は，「措置制度」（行政がその権 限で必要性を判断し，施設やサービスを決定する仕組み）によっていたが，社会福 祉法では「利用契約制度」（利用者と事業提供者との対等な関係性の下，利用者が施

設やサービスを選択し契約する仕組み）に改められた。また，社会福祉法では，社会福祉法人の設立要件の緩和や，運営の弾力化により多様な経営主体の参入を図っている。

　③　社会福祉事業についての規定

　この法律では，「社会福祉事業」を以下に分類している（第4章2参照）。

　　①　「第1種社会福祉事業」（設置主体は行政または社会福祉法人が原則）
　　②　「第2種社会福祉事業」（設置主体の制限はなし）主に在宅サービスが対象。

　④　利用者保護のための規定

　福祉サービスの利用方法が「利用契約制度」となり，利用者の「自己決定・自己責任の仕組み」となったのに伴い，新たに発生する問題やトラブル等の回避・軽減のために，以下のような利用者保護のための規定がなされている。

　　①　情報の提供（利用者の選択や契約のために事業提供者に課している）
　　②　苦情解決の仕組みの導入（各事業所に苦情解決のための担当者，責任者，第三者委員を設置。都道府県社会福祉協議会に「運営適正化委員会」を設置など）
　　③　第三者評価の実施（サービス内容を客観的・専門的・中立的立場から評価）

　なお，利用者のうち十分な判断が難しい認知症高齢者や知的障害者等を対象に，必要なサービスの利用を支援する「日常生活自立支援事業」を制度化している。

　⑤　その他の重要事項

　さらに社会福祉法では，社会福祉審議会や，福祉事務所，社会福祉主事，社会福祉法人，社会福祉協議会に関する条項や，福祉サービスの適切な利用に関する条項，社会福祉従事者に関する条項などを規定している。

2）社会福祉の主軸をなす法律――「福祉六法」

「福祉六法」には，（その制定された順番で示すと）①「生活保護法」，②「児童福祉法」，③「身体障害者福祉法」，④「知的障害者福祉法」，⑤「老人福祉法」，⑥「母子及び父子並びに寡婦福祉法」がある。これら6つの法律は，社会福祉の法体系が形成される初期の段階につくられた福祉の分野別の基幹的な法律といえる。制定順に特に古い3つの法律を「福祉三法」と呼ぶこともある。

　しかしながら，社会福祉の法律がさらに拡大的に整備されている現在では，福祉六法だけが必ずしも社会福祉の「主要法規」とはいえない状況となっている。

　①　「生活保護法」（1950〔昭和25〕年制定）

　日本国憲法第25条に基づき，国が経済的に困窮する国民に対して，困窮の程度に応じ，必要な保護を行い，最低限度の生活を保障し，その自立を助長することを目的としている。

　生活保護の基本原理としては，①保護の国家責任の原理，②無差別平等の原理，③最低生活保障の原理，④保護の補足性の原理（資産や能力の活用，扶養義務者による扶養，多法による救済を優先し，それでもなお不十分な場合にのみ保護を補足的に用いるという原理）が挙げられている。

　生活・教育・住宅・医療・介護・出産・生業・葬祭の8種類の扶助のほか，生活保護基準，保護施設，被保護者の権利・義務等について規定している。

　最初の制定（1950〔昭和25〕年）以来の全面見直しとなる法改正案が国会に出され，2013（平成25）年12月，増え続ける生活保護の引き締め策と生活困窮者への支援策をセットにした改正生活保護法と生活困窮者自立支援法の同時成立があった（施行は2015〔平成27〕年4月から現在に至る）。

　②　「児童福祉法」（1947〔昭和22〕年制定）

　日本国憲法および児童の権利に関する条約の理念に基づく子どもの福祉に関する総合的基本法で，対象となる児童は「18歳未満の者」と定義されている。

　児童福祉の理念として，第1条では「全て児童は，児童の権利に関する条約の精神にのつとり，適切に養育されること，その生活を保障されること，愛さ

れ，保護されること，その心身の健やかな成長及び発達並びにその自立が図られることその他の福祉を等しく保障される権利を有する」と規定している。

　また，児童育成の責務として，第2条では「全て国民は，児童が良好な環境において生まれ，かつ，社会のあらゆる分野において，児童の年齢及び発達の程度に応じて，その意見が尊重され，その最善の利益が優先して考慮され，心身ともに健やかに育成されるよう努めなければならない」とし，また，「国及び地方公共団体は，児童の保護者とともに，児童を心身ともに健やかに育成する責任を負う」と規定している。

　さらに，第3条の2では「国及び地方公共団体は，児童が家庭において心身ともに健やかに養育されるよう，児童の保護者を支援しなければならない」と規定。つまり，国及び地方公共団体の責務としては，①「子どもの健全育成」はもちろんのこと，それと同時に②子どもの「保護者支援」が明記されている。

　同条項はさらに「ただし児童及びその保護者の心身の状況，これらの者の置かれている環境その他の状況を勘案し，児童を家庭において養育することが困難であり又は適当でない場合にあっては児童が家庭における養育環境と同様の養育環境において継続的に養育されるよう，児童を家庭及び当該養育環境において養育することが適当でない場合にあっては児童ができる限り良好な家庭的環境において養育されるよう，必要な措置を講じなければならない」と規定している。なお，本法律の大まかな内容は以下の通りである。

① 児童福祉審議会，児童相談所，児童福祉司，児童委員，保育士，福祉事務所および保健所などに関する規定。
② 療育の指導・給付等，障害福祉サービスの措置，各種子育て支援事業，母子生活支援施設，保育所等への入所，要保護児童の保護措置などに関する規定。
③ 児童自立生活援助事業，小規模住居型児童養育事業，養育里親，養子縁組里親，児童福祉施設などに関する規定。
④ 児童福祉にかかわる費用に関する規定，罰則に関する規定，など。

③　「身体障害者福祉法」(1949〔昭和24〕年制定)

　障害者総合支援法との連携の下に，身体障害者の自立と社会経済活動への参加を促進することを目的としている。なお，身体障害者を，18歳以上で都道府県知事からの身体障害者手帳の交付を受けた者と定義している。

　国や地方公共団体，国民の責務を明記し，実施機関（市町村，福祉事務所，身体障害者更生相談所，身体障害者福祉司，民生委員，身体障害者相談員など）や，更生援護（支援体制の整備，身体障害者手帳の交付等），障害福祉サービスや障害者支援施設等への入所措置，社会参加の促進等について定めている。

④　「知的障害者福祉法」(1960〔昭和35〕年制定)

　障害者総合支援法との連携の下に，知的障害者の自立と社会経済活動への参加を促進することを目的としている。国や地方公共団体，国民の責務を明記し，実施機関（市町村，福祉事務所，知的障害者更生相談所，知的障害者福祉司，民生委員，知的障害者相談員等）や，障害福祉サービスや障害者支援施設への入所措置等について定めている。

⑤　「老人福祉法」(1963〔昭和38〕年制定)

　老人のための保健および福祉の理念や諸施策を規定する基本法である。老人の福祉に関する原理を明らかにし，老人の心身の健康の保持や生活の安定を図ることが目的である。なお，「老人」の定義は特になされていないが，福祉の措置の対象を，原則として「65歳以上の者」と規定している。

　特別養護老人ホームや養護老人ホーム，軽費老人ホーム等の老人福祉施設を定めているほか，社会活動促進対策として老人クラブ活動事業などを規定している。また，市町村と都道府県に老人福祉計画の策定を義務づけている。2000（平成12）年より介護保険法との密接な関連の下に運用されている。

⑥　「母子及び父子並びに寡婦福祉法」(1964〔昭和39〕年制定)

　最初に「母子福祉法」として母子家庭のみを対象として制定されたものが，1981（昭和56）年の改正により寡婦も対象になり「母子及び寡婦福祉法」となった。なお，「寡婦」とは，配偶者のない女子であって，かつて配偶者のない女子として（扶養義務のある）児童を扶養していたことのある者のことである。

その後，2002（平成14）年の法改正を経て，2014（平成26）年には，「母子及び寡婦福祉法」が現在の「母子及び父子並びに寡婦福祉法」となり（第2章参照），ひとり親家庭への支援を強化するため，父子家庭への支援拡大や支援体制の充実，支援施策の周知強化，児童手当と公的年金等の併給制限の見直しを行った。

ちなみに，この法律の内容の構成は，①総則，②基本方針等，③母子家庭に対する福祉の措置，④父子家庭に対する福祉の措置，⑤寡婦に対する福祉の措置，⑥福祉資金貸付金に関して，⑦母子・父子福祉施設などとなっている。

3）子ども家庭福祉関係の法律

①　「児童福祉六法」

子ども家庭福祉関係の法律として特に重要なのが，「児童福祉法」，「母子及び父子並びに寡婦福祉法」，「母子保健法」（1965〔昭和40〕年制定）である。これらに，「児童扶養手当法」（1961〔昭和36〕年），「特別児童扶養手当等の支給に関する法律」（1964〔昭和39〕年），「児童手当法」（1971〔昭和46〕年）を加えた合計6つの法律を，一般に「児童福祉六法」と呼んでいる。

②　子ども家庭福祉関係の他の法律

近年では，虐待やＤＶの増加，歯止めのかからない少子化の問題などを背景に，子どもや家族に対する新たな社会福祉関係の法令が次々と制定されている。

具体的には，「児童買春，児童ポルノに係る行為等の規制及び処罰並びに児童の保護等に関する法律」（児童買春・児童ポルノ禁止法），「児童虐待の防止等に関する法律」（児童虐待防止法），「配偶者からの暴力の防止及び被害者の保護等に関する法律」（ＤＶ防止法），「次世代育成支援対策推進法」，「少子化社会対策基本法」，「子ども・子育て支援法」などを挙げることができる。

4）その他の福祉関係の重要な法律

①　「精神保健及び精神障害者の福祉に関する法律」（精神保健福祉法）

身体障害者福祉・知的障害者福祉の基本法である身体障害者福祉法・知的障害者福祉法と並んで位置づけられる，「精神障害者福祉の基本法」である。

1950（昭和25）年に制定された「精神衛生法」が改正され，1987（昭和62）年に「精神保健法」となり，その一部改正も経て，1995（平成7）年にこの法律

が制定された。この法律は，「障害者基本法」が精神障害を身体・知的障害と並んで障害の正式な一領域と規定したのを踏まえて，（従来の保健医療関係の規定も含みながら）「精神障害者福祉の基本法」としての役割を担うこととなった。

　法律の目的は，精神障害者の医療や保護，社会復帰の促進，自立と社会経済活動への参加の促進，および国民の精神保健の向上を図ることにある。

　この法律により，精神障害者保健福祉手帳（障害者手帳）が制度化された。また，精神保健福祉センターや精神医療審査会，精神保健指定医，精神科病院・精神科救急医療体制，医療保護入院などについての規定もなされている。

　②　「障害者の日常生活及び社会生活を総合的に支援するための法律」（障害者総合支援法）（2005〔平成17〕年制定）

2005（平成17）年に制定された「障害者自立支援法」の問題点を見直し改善する形で改正され，2012（平成24）年に成立したのが，この法律である。

　身体障害者福祉法や知的障害者福祉法，精神保健福祉法，児童福祉法との密接な関連の下，障害児（者）が自立した生活を営むことができるように，必要な福祉サービスに係る給付その他の支援を行うことを目的としている。この法律における障害者には，身体障害者，知的障害者，精神障害者（発達障害者を含む）に加え，難病等による障害者も含む。この法律の基本理念として挙げられているのは，以下の点である。

　　ⅰ　障害の有無にかかわらず，全ての国民が基本的人権を持つ個人としての尊厳を尊重され，共に生きる社会（共生社会）を実現すること。

　　ⅱ　そのために，障害のある人が地域で生活が営めるよう支援が受けられること。

　　ⅲ　妨げとなるあらゆるもの（物事，制度，観念など）の除去に努めること。

　この法律では，身体障害者，知的障害者，精神障害者，難病患者にかかわらず，障害福祉サービスや公費負担医療などを一元化し共通制度の下に提供すること，地域社会や就労を支援する事業や多様な障害者の実情に見合った基準

図3-3　社会福祉の法体系（イメージ）

母子及び父子並びに寡婦福祉法 1964（昭和39）年	子ども・子育て支援法 2012（平成24）年		障害者総合支援法 2005（平成17）年				介護保険法 1997（平成9）年	生活保護法 1950（昭和25）年
	児童福祉法 1947（昭和22）年	身体障害者福祉法 1949（昭和24）年	知的障害者福祉法 1960（昭和35）年	精神保健福祉法 1950（昭和25）年	発達障害者支援法 2004（平成16）年	老人福祉法 1963（昭和38）年		
社会福祉法 1951（昭和26）年								

出所：児童育成協会監修『社会福祉』（新基本保育シリーズ④）中央法規出版，2019年，33頁。

（障害支援区分）を採用することなどが規定されている。

③　介護保険法（1997〔平成9〕年制定）

高齢者の介護を社会全体で担うことを目的に，社会保険の新しい制度として1997（平成9）年に制定され，2000（平成12）年に施行された。

主な内容は，①運営は市町村，特別区，②保険料は満40歳以上の全国民が負担，うち65歳以上が第1号被保険者，40～64歳が第2号被保険者，③第1号被保険者は，原則として保険料を公的年金から天引き徴収，要介護状態になった場合に，在宅介護サービスや施設介護サービスが受けられる，④第2号被保険者は，本人の医療保険料に上乗せする形で保険料を徴収，特定の疾患や障害が生じた場合に介護サービスが受けられる，⑤本人の自己負担分は，介護サービス費用の1～3割，⑥市町村の介護認定審査会によって要介護度が区分，さらに介護支援専門員が個別にケアプランを作成する，というものである（図3-3参照）。

注

(1)　1948年に当時の総理府の付属機関として設置された社会保障制度に関する調査・審議・勧告を行う機関であるが，2001（平成13）年に廃止され，総論的な内容は内閣府の経済財政諮問会議に，また具体的な内容は厚生労働省における社会保障審議会に引き継がれた。

(2)　社会保障の定義に関しては，厚生労働省編『厚生労働白書 平成29年版』2017年，

4-6頁を参照。

⑶　自発的に自身の生活課題を解決する力。つまり，自分のことは自分で行うという生活自己責任原則の考え方。

⑷　共通のリスクに対し，社会連帯の考え方に沿って全員に貢献を求める考え方であり，具体的には社会保険制度など生活のリスクを相互に分散する社会保険制度やそのサービスのこと。

⑸　自助・共助では対応できないことに対して，租税という一般財源を用いて実施される福祉事業のこと。

⑹　公的扶助のような資力調査は伴わない現金給付の制度であり，児童手当，児童扶養手当，特別児童扶養手当，障害児福祉手当，特別障害者手当などが該当する。

⑺　社会保障制度の制度体系の整理の仕方は多様であり，国民生活を生涯にわたって支える社会保障制度として，ライフサイクルと社会保障制度を関連付けた整理の仕方もある（厚生労働省編，前掲書，8頁）。

⑻　75歳（寝たきり等の場合は65歳）以上の者が加入する独立した医療制度であり，個人を単位として保険料を負担する。また，65〜74歳の前期高齢者については，各種の医療保険に加入するが，無職となる高齢者が多くなり国民健康保険に集中するため，各保険者の加入数に応じて財政調整が行われる。

⑼　特定の目的のために，公費により医療費の一部または全部を負担する制度であり，国が補償すべきもの，公衆衛生の向上のもの，社会生活の向上のもの，難病などの治療研究を進めるもの，障害者（児）の福祉の増進を図ることを目的とするものなどに分類される。

⑽　社会保障の機能に関しては，前掲書，8-9頁を参照。

⑾　厚生労働省「平成28年　国民生活基礎調査の概況」（https://www.mhlw.go.jp/toukei/saikin/hw/k-tyosa/k-tyosa16/index.html，2019年10月1日アクセス）。

⑿　厚生労働省「福祉行政報告例（令和元年9月分概数)」（https://www.mhlw.go.jp/toukei/saikin/hw/gyousei/fukushi/m19/dl/09kekka.pdf，2019年12月26日アクセス）。

⒀　8種類の扶助のうち，1種類だけの扶助を受給する場合を「単給」といい，2種類以上の扶助を受給する場合を「併給」という。

⒁　厚生労働省「被保護者調査（令和元年9月分概数)」（https://www.mhlw.go.jp/toukei/saikin/hw/hihogosya/m2019/dl/09-01.pdf，2019年12月26日アクセス）。

⒂　例えば，母子世帯1,000世帯中，生活保護を受給している世帯の割合のことである。単位の‰（パーミル）は，全体を1,000とした時の比率を表す単位。

⒃　国立社会保障・人口問題研究所「『生活保護』に関する公的統計データ一覧」（2019年10月2日更新）資料18（http://www.ipss.go.jp/s-info/j/seiho/seiho.asp,

2019年12月26日アクセス）。

⒄　厚生労働省「社会・援護局関係主管課長会議資料」（平成31年3月5日）資料。

⒅　2019（令和元）年6月に，子どもの貧困対策推進法の一部改正が行われ，その一つとして次のような個別施策に関する規定の改正が盛り込まれた。

　　　　①教育の支援について「教育の機会均等が図られるよう」，①必要な施策を講ずることを明記すること，②生活の支援について，「貧困の状況にある子どもの生活の安定に資するため」に行われる旨を明記すること，③保護者に対する就労の支援について，「保護者の所得の増大その他の職業生活の安定と向上に資するため」に行われる旨を明記すること，④調査研究の例示として，「子どもの貧困に関する指標に関する研究」，を追加した。

⒆　医学は，病気を診断し治療を行う分野を「臨床医学」，病気の原因や発症となる仕組みを解明する「基礎医学」，そして，疾病の予防や健康の維持・増進を研究する「社会医学」に区分され，公衆衛生は社会医学の一分野に位置づけられている。

⒇　第1次ベビーブーム世代（団塊の世代）が，2025年頃までに後期高齢者（75歳以上）に達することを背景として各種問題が提起されており，特に社会保障領域では医療や介護に必要となる社会保障費の増大などが懸念されている。

㉑　国家が国民に対して保障すべき必要最低限の生活水準のことをいう。これは，元々は19世紀後半にイギリスのウェッブ夫妻によって提唱された概念で，日本語では「国民最低限」や「国民生活環境最低基準」とも訳される。

㉒　国家が個人に介入することを排除して個人の自由を保障する権利のことで，その意味から「国家からの自由」とも言われる権利である。それに対して，社会権は，社会的弱者が人間らしい生活ができるように国家の積極的な介入を求める権利である。その意味から「国家による自由」とも言われる権利である。

参考文献

・第1節

厚生統計協会編『国民衛生の動向　2019/2020』（66(9)）厚生統計協会，2019年。

厚生労働省編『厚生労働白書 平成29年版』日経印刷，2017年。

社会保障入門編集委員会編『社会保障入門2019』中央法規出版，2019年。

広井良典・山崎泰彦編著『社会保障 第3版』ミネルヴァ書房，2017年。

・第2節

児童育成協会監修，松原康雄・圷洋一・金子充編集『社会福祉』（新基本保育シリーズ④）中央法規出版，2019年。

橋本好市・宮田徹編『保育と社会福祉』（学ぶ・わかる・みえる シリーズ保育と現代社会）みらい，2019年。

保育士養成講座編纂委員会編『社会福祉』（最新　保育士養成講座④）全国社会福祉協議会，2019年。

保育福祉小六法編集委員会編『保育福祉小六法 2019年度版』みらい，2019年。

<table>
<tr><td>第4章</td><td>社会福祉の行財政と実施体系</td></tr>
</table>

1 社会福祉の行財政

（1）福祉全体の支出額——「社会保障給付費」

1）社会保障給付費とは

　前章の図3-2（社会福祉の体系——3つの柱）を参照するならば，1年間のわ
が国の「社会福祉（広義）」全体で支出される費用の総額を「社会保障給付費」[^(1)]
と呼んでいる。つまり，社会保障給付費には，子どもや障害者，高齢者等への
対人福祉サービスとしての「社会福祉（狭義）」における諸支出や，医療保険
や年金保険，介護保険など国民の月々の保険料納付等で運営する「社会保険」
の給付費，「生活保護」の保護費，感染症対策や食中毒対策など「公衆衛生」
における諸支出が包括的に含まれている。

2）社会保障給付費の総額とその推移，内訳

　国立社会保障・人口問題研究所によると，2017（平成29）年度の社会保障給
付費の総額は，120兆2,443億円にのぼり，前年度と比べて1.6％の増加となっ
ている。図4-1からもわかるように，社会保障給付費は年々大幅な増加を続
けており，2017（平成29）年度も過去最高を更新することとなった。

　その主な内訳については，図4-2より，「年金」が最多の45.6％（約5割）
を占め，次いで，「医療」が32.8％（3割強），そして「福祉その他」という順
になっている。まさに急激な高齢化の進行による年金，医療，介護等のニーズ
の増大を如実に反映したものとなっている。

図 4 - 1　社会保障給付費の推移

（兆円）

2017年（平成29）度　120兆2,443億円

```
140
120
100
 80
 60
 40
 20
  0
```
1950　　60　　70　　80　　90　　2000　　10　17（年度）

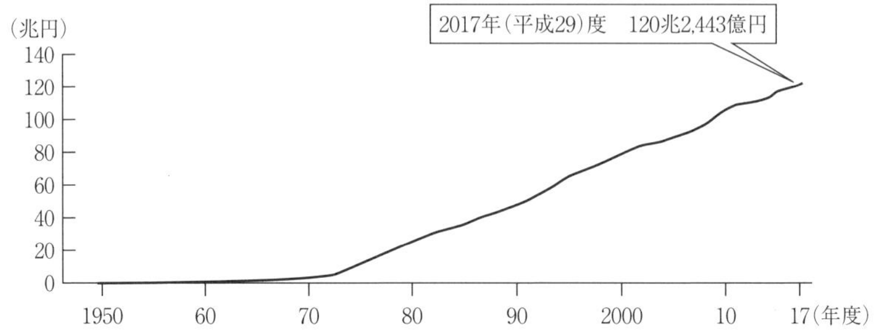

出所：「社会保障給付費の推移（時事通信）」（https://headlines.yahoo.co.jp/hl?a=20190802-00010003-jij, 2019年 8 月 2 日アクセス）。

（2）福祉全体の財源──社会保障給付費の財源

　福祉全体の財源に相当する，社会保障給付費の財源としては，①（社会保険の）保険料（国民が毎月納める保険料）が約50％強，②税金等（国並びに地方公共団体の財政負担によるもの）が約35％，③その他（利用者負担金や共同募金など民間財源など）が約14％となっている（図 4 - 3）。

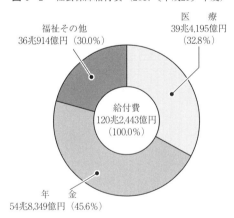

図 4 - 2　社会保障給付費（2017〔平成29〕年度）

福祉その他
36兆914億円
（30.0％）

医　療
39兆4,195億円
（32.8％）

給付費
120兆2,443億円
（100.0％）

年　金
54兆8,349億円（45.6％）

出所：「Gem Med」（https://gemmed.ghc-j.com/?p=27804, 2019年12月30日アクセス）から筆者作成。

　急激な高齢化の進展を背景として社会保障給付費（年金，医療，介護等）の額（支出の額）が年々大きく増加している一方で，主たる財源としての社会保険の保険料収入は給付費の伸びほどには増加していない。そのため，こうして拡大してきた給付費と保険料収入の差を埋めるため，国と地方の財政負担（税金の投入等）が年々増加している。国の財政負担は毎年 1 兆円規模で増えてきている状況である。

（3）国および地方公共団体の福祉財政

1）国の福祉財政

——「社会保障関係費」の運用

　国家予算においては，社会福祉関係の全費用は「社会保障関係費」として計上される。急激な高齢化の進行に伴い，年金や医療などの「社会保険給付」が大幅に増加しており，国の歳出に占める割合は年々上昇している。

　図4-4によれば，2019年度の国家予算では，社会保障関係費は

図4-3　社会保障給付費の財源の内訳
　　　　（2017〔平成29〕年度）

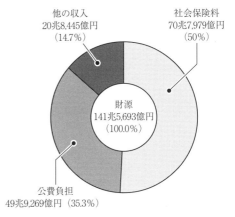

出所：図4-2と同じ。

図4-4　国の一般会計歳出額内訳（2019年度当初予算）

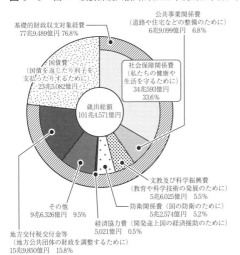

出所：国税庁「税の学習コーナー／〔国の財政〕歳出——
　　　社会保障関係費」（www.nta.go.jp/taxes/kids/
　　　hatten/page04.htm，2019年12月30日アクセス）。

図4-5　社会保障関係費の内訳（2019年度）

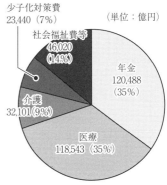

出所：財務省「平成31年社会保障関係予算の
　　　ポイント」2019年。

65

図4-6　民生費の内訳（2019〔平成29〕年度）

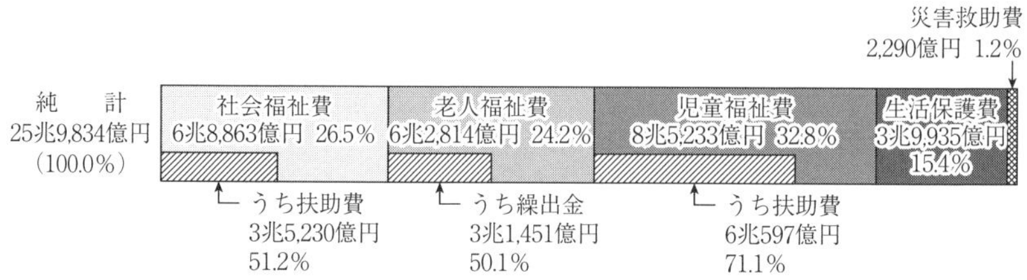

災害救助費
2,290億円 1.2%

純　計
25兆9,834億円
（100.0%）

| 社会福祉費 6兆8,863億円 26.5% | 老人福祉費 6兆2,814億円 24.2% | 児童福祉費 8兆5,233億円 32.8% | 生活保護費 3兆9,935億円 15.4% |

うち扶助費
3兆5,230億円
51.2%

うち繰出金
3兆1,451億円
50.1%

うち扶助費
6兆597億円
71.1%

出所：総務省「『平成31年度地方財政の状況』（地方財政白書）の全体版」49頁より抜粋。

表4-1　地方財政の主な歳出状況
（2019〔平成29〕年度）

区　　分	決算額(億円)	構成比(%)
民生費	25兆9,834	26.5
教育費	16兆8,886	17.2
土木費	11兆9,195	12.2
総務費	9兆1,219	9.3
衛生費	6兆2,626	6.4
その他	27兆8,224	28.4
歳出合計	97兆9,984	100.0

出所：総務省「『平成31年度地方財政の状況』（地方財政白書）の全体版」16頁を基に筆者作成。

前年度に比べ3.2%の増加となり，34兆593億円にのぼっている。これは，国の一般会計予算（101兆4,571億円）の33.6%にあたり，最大の項目となっている。

なお，社会保障関係費の内訳は，図4-5の通りで，やはり急激な高齢化の進行を反映しており，「年金」35%，「医療」35%，「介護」9%のこれらを合わせると全体の約80%を占めることとなっている。

2）地方公共団体の福祉財政——「民生費」の運用

　社会福祉の法律や制度は国が立案しているが，その運営や実施は地方公共団体が担っているため，地方公共団体の社会福祉における財政負担もかなり大きいものとなっている。

　こうした地方財政における社会福祉関係の経費は「民生費」と呼ばれ計上されている。表4-1によれば，2017（平成29）年度における民生費は，歳出総額の26.5%となっており，教育費の17.2%，土木費の12.2%を上回っており，歳出に占める割合が最も高くなっている。

　また，図4-6より2017（平成29）年度における民生費の内訳を構成比でみると，「児童福祉費」が民生費全体の32.8%を占めて最も多く，次いで「社会福

祉費」の26.5％，「老人福祉費」の24.2％，「生活保護費」の15.4％の順となっている。

（4）社会保険料の徴収──福祉財源の確保と国民の生活保障

1）社会保険料のもつ意義

国民の経済的困窮への国の対応としては，いわゆる「救貧」的制度としての「生活保護」と，「防貧」（予防）的制度としての「社会保険」がある。社会保険は，国の公的な保険として，国民全員が加入し月々の保険料を納める「強制保険」の制度となっている。

社会保険にはいくつかの種類があるが，国民全員がその保険料を納めることで，その集まったお金が，病気や介護，失業等といった困った状況に陥った際に給付されるお金の大切な財源となっている。しかも，その財源は福祉全体の最も大きな財源となっているのである（図4-3参照）。

2）納付される社会保険料の種類

納付される社会保険料には，「医療保険料」「年金保険料」「介護保険料」「雇用保険料」「労災保険料」という5つの種類がある。以下，解説する。

① 医療保険料

病気やけがで治療を行う際の医療費を一部肩代わりするための財源になる，公的な保険料である。医療保険には，サラリーマンが加入する「健康保険」，自営業者や年金生活者等が加入する「国民健康保険」，75歳以上の人が加入する「後期高齢者医療制度」があるので，それぞれに異なる仕組みの保険料が徴収されている。

② 年金保険料

老後もしくは障害・死亡の際に備えて，老齢・障害・遺族年金として現金給付を行うための財源となる公的な保険料である。年金保険の加入者（被保険者）は，表4-2の通りに3つに区分されており，それぞれに保険料（の額や納付方法等）が異なっている。

表4-2　年金保険の被保険者とその保険料

被保険者種類	該 当 者	保 険 料
第1号被保険者	自営業，自由業，農業従事者等，学生，フリーター，無職の人および，その配偶者	毎月定額を市区町村役場に振込ないしは口座振込か窓口持参する。
第2号被保険者	サラリーマン（会社員や公務員など），フルタイム勤務の人	本人の給与に共通の保険料率をかけた額。勤務先と折半（勤務先が半分負担）。給料から天引きされる。
第3号被保険者	第2号被保険者の配偶者で，年収130万円未満の人	保険料の支払いはない（第2号被保険者の保険料で賄われているため）

③　介護保険料

　介護施設や自宅で介護サービスを受ける際の費用を，一部肩代わりするための財源となる保険料である。保険料は，満40歳以上の者が対象で，そのうち65歳以上の者（第1号被保険者）は原則年金からの天引きとなり，40～64歳の者（第2号被保険者）は本人の医療保険料に上乗せして徴収される。

④　雇用保険料

　失業者の他，育児・介護休業をとった労働者や，60歳以上で企業勤め等をしている一部の労働者に給付するための財源となる保険料である。

⑤　労災保険料

　従業員が業務上もしくは通勤途中に事故（災害）にあった際に，事業所によりその従業員に補償すべきお金を肩代わりしてもらうための財源となる保険料である。

（5）その他の財政施策

1）利用者による費用負担

　福祉サービスの利用において利用者の費用負担の方式としては，大きく分けて「応能負担」と「応益負担」の方式がある。これらの概要は，以下の通りである。

　　①　応能負担：利用者の支払い能力（その所得）に応じて負担料を算定す

る方法。

②　応益負担：受けるサービスの利用料に応じて負担料を算定する方法。
　　　　　　利用者保護のため，利用料の上限額設定や，一定所得以下の
　　　　　　利用料減免などの措置もとられている。

2）民間財源の活用

　民間財源の代表的なものに共同募金があり，その他として競馬・競輪などの
公営競技の収益金からの福祉事業への補助金などもある。これら民間財源の有
効な活用が図られている。

2　社会福祉の実施機関

（1）福祉の行政機関

　社会福祉の行政機関の組織は，図4-7（71頁）の通り，国，都道府県（およ
び政令指定都市），市町村という3層構造からなっている。そして，都道府県，
市町村の下には，身体障害者更生相談所や知的障害者更生相談所，児童相談所，
婦人相談所，福祉事務所などの福祉専門機関が設置されている。以下，図
4-7を参照しながら，順に説明していこう。

1）国の福祉行政機関

①　厚生労働省

　わが国の福祉行政の中枢機関としての役割を担っているのが，厚生労働省で
ある。本省内には，「社会・援護局」（生活保護や社会福祉施設，民生委員などの関
連事項を担当），「子ども家庭局」（子ども家庭福祉，母子保健，保育などを担当），
「障害保健福祉部」（障害者の福祉全般を担当），「老健局」（老人福祉，介護保険など
を担当）などの複数の部局が置かれている。これらの部局では，それぞれの担
当部門の福祉における法定事業の企画立案や法令の制定など，政策や制度上の
基本的な枠組みづくりとその円滑な推進のための業務を担っている。

② 社会保障審議会

本審議会は，厚生労働大臣の諮問機関として，政策や制度の重要な素案作りを中心とした，大臣の諮問に対する答申や意見具申等を行っている。なお，この審議会には6つの分科会（統計分科会，医療分科会，福祉文化分科会，介護給付費分科会，年金記録訂正分科会，年金資金運用分科会）が設置されている。

③ 民生委員・児童委員

都道府県知事の推薦により厚生労働大臣が委嘱する，市町村の一定地区（自分の生活圏でもある地区）を担当する無給の民間ボランティアである（民生委員は同時に児童委員を兼務することになる）。民生委員・児童委員は，同じ住民の立場で相談にのれる，最も身近な支援者として，福祉の関係行政機関と地区住民とをつなぐ大切な「橋渡し役」としての役割を担っている。

2）地方公共団体の福祉行政機関

① 都道府県

都道府県（および政令指定都市）は，市町村への支援や連絡調整，社会福祉法人や社会福祉施設の認可など，広域的な立場や専門的な視野・技術をもって社会福祉サービスの基盤整備を行う役割を担っている。

審議会──地方社会福祉審議会・児童福祉審議会　　地方社会福祉審議会は，都道府県，政令指定都市，中核市に設置が義務づけられており，（児童福祉と精神障害者福祉を除く）社会福祉に関する事項の調査審議，首長の諮問への答申，福祉関係行政庁への意見具申などを行っている（社会福祉法第7条）。

児童福祉審議会は，都道府県に設置が義務づけられており（市町村は任意設置），児童・妊婦・知的障害者の福祉に関する事項の調査審議，首長の諮問への答申，福祉関係行政庁への意見具申などを行っている（児童福祉法第8条）。

障害者相談員　　主に市町村から委託され（必要な場合は都道府県からの委託を受け），地域で障害者の福祉の増進を図るため，障害者またはその保護者からの生活上の相談に応じ，必要な援助を行う民間の協力者（ボランティア）である。

原則として，身体障害者相談員には身体障害者の方が委託され，知的障害者

図4-7　福祉の行政機関の概要

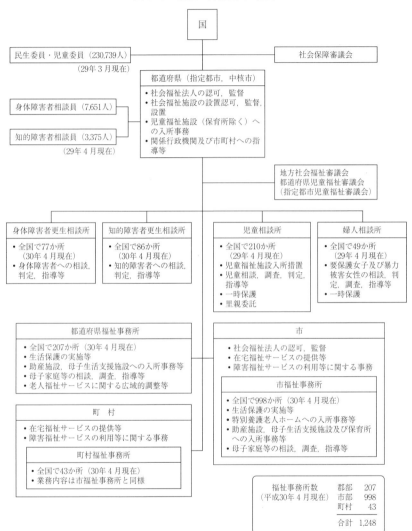

国

民生委員・児童委員（230,739人）
（29年3月現在）

社会保障審議会

都道府県（指定都市，中核市）
- 社会福祉法人の認可，監督
- 社会福祉施設の設置認可，監督，設置
- 児童福祉施設（保育所除く）への入所事務
- 関係行政機関及び市町村への指導等

身体障害者相談員（7,651人）

知的障害者相談員（3,375人）
（29年4月現在）

地方社会福祉審議会
都道府県児童福祉審議会
（指定都市児童福祉審議会）

身体障害者更生相談所
- 全国で77か所
（30年4月現在）
- 身体障害者への相談，判定，指導等

知的障害者更生相談所
- 全国で86か所
（30年4月現在）
- 知的障害者への相談，判定，指導等

児童相談所
- 全国で210か所
（29年4月現在）
- 児童福祉施設入所措置
- 児童相談，調査，判定，指導等
- 一時保護
- 里親委託

婦人相談所
- 全国で49か所
（29年4月現在）
- 要保護女子及び暴力被害女性の相談，判定，調査，指導等
- 一時保護

都道府県福祉事務所
- 全国で207か所（30年4月現在）
- 生活保護の実施
- 助産施設，母子生活支援施設への入所事務等
- 母子家庭等の相談，調査，指導等
- 老人福祉サービスに関する広域的調整等

市
- 社会福祉法人の認可，監督
- 在宅福祉サービスの提供等
- 障害福祉サービスの利用等に関する事務

市福祉事務所
- 全国で998か所（30年4月現在）
- 生活保護の実施等
- 特別養護老人ホームへの入所事務等
- 助産施設，母子生活支援施設及び保育所への入所事務等
- 母子家庭等の相談，調査，指導等

町村
- 在宅福祉サービスの提供等
- 障害福祉サービスの利用等に関する事務

町村福祉事務所
- 全国で43か所（30年4月現在）
- 業務内容は市福祉事務所と同様

福祉事務所数 （平成30年4月現在）	郡部	207
	市部	998
	町村	43
	合計	1,248

出所：厚生労働省『厚生労働白書　平成30年版（資料編）』2018年，191頁。

相談員には知的障害者の保護者が委託される。

② 市 町 村

　住民に最も身近な行政組織として，老人福祉や障害者福祉などの実施主体としての役割を担う。また，2004（平成16）年の児童福祉法改正により，子どもや家庭に関する相談（子ども家庭相談）の（第一義的）窓口ともなっている。

3）福祉の専門行政機関

① 都道府県に設置義務のある各種相談所

　児童相談所　児童福祉法第12条に基づき，都道府県（政令指定都市含む）に設置が義務づけられている，子ども家庭福祉の第一線機関である。2016（平成28）年の法改正により，中核市に加えて特別区にも設置が可能となった。児童相談所の主な業務は，子どもおよび妊産婦の福祉に関するもので，以下の通りである。

ⅰ 市町村相互の連絡調整，市町村に対する情報提供その他の援助。
ⅱ 児童や家庭に関する相談のうち，専門的な知識・技術を要するものに対応。
ⅲ 児童とその家庭について，必要な調査と専門的な判定を行うこと。
ⅳ その調査・判定に基づき，必要な指導を行うこと。
ⅴ 児童の一時保護を行うこと。
ⅵ 児童にとって必要と判定された場合には，里親委託や，養子縁組支援，児童福祉施設入所措置などを行うこと。

　身体障害者更生相談所　身体障害者福祉法第11条に基づき，都道府県に設置が義務づけられており，政令指定都市は任意設置となっている。身体障害者更正相談所の主な業務は，身体障害者の福祉に関するもので，以下の通りである。

ⅰ 市町村相互の連絡調整，市町村に対する情報提供その他の援助。

　　ⅱ　身体障害者に関する相談や指導のうち，専門的知識・技術が必要なも
　　　のに対応。
　　ⅲ　身体障害者の医学的，心理学的および職能的判定を行うこと。
　　ⅳ　必要に応じて，補装具の処方や適合判定を行うこと，等。

　また，必要に応じ，巡回での相談や指導，援助も行うことができる。
　　知的障害者更生相談所　　知的障害者福祉法第12条に基づき，都道府県に設
置が義務づけられており，政令指定都市は任意設置となっている。知的障害者
更生相談所の主な業務は，知的障害者の福祉に関するもので，以下の通りであ
る。

　　ⅰ　市町村相互の連絡調整，市町村に対する情報提供その他の援助。
　　ⅱ　知的障害者に関する相談や指導のうち，専門的知識・技術が必要なも
　　　のに対応。
　　ⅲ　18歳以上の知的障害者の医学的，心理学的および職能的判定を行うこ
　　　と，等。

　また，必要に応じ，巡回での相談や指導，援助も行うことができる。
　　婦人相談所　　売春防止法第34条に基づき，都道府県に設置が義務づけら
れている。
　婦人相談所の主な業務は，性行または環境に照らして売春を行うおそれのあ
る女子（以下，要保護女子）の保護更生に関する事項に関するもので，以下の通
りである。

　　ⅰ　必要な相談に応じること。
　　ⅱ　要保護女子とその家庭について，必要な調査，判定，指導を行うこと。
　　ⅲ　要保護女子の一時保護を行うこと，等。

2002（平成14）年からは，「配偶者からの暴力の防止及び被害者の保護等に関する法律」（ＤＶ防止法）第３条により，婦人相談所が「配偶者暴力相談支援センター」としての機能も果たすようになっている。さらに，2013（平成25）年に「ストーカー行為等の規制等に関する法律」が改正され，ストーカー被害の女性の支援を婦人相談所が行うこととなっている。

　配偶者暴力相談支援センターは，ＤＶの被害者を支援する中心的な機関で，一般的には，婦人相談所や男女共同参画センター，児童相談所，福祉事務所などがその機能を果たしている。配偶者暴力相談支援センターは，ＤＶの防止と被害者の保護を図るため，以下のような相談・支援業務を担っている。

　　ⅰ　相談または相談機関の紹介
　　ⅱ　カウンセリングの実施
　　ⅲ　被害者や同伴者の緊急時における安全の確保および一時保護
　　ⅳ　自立して生活することを促進するための情報提供その他の援助
　　ⅴ　被害者を保護する施設の利用についての情報提供その他の援助
　　ⅵ　保護命令制度の利用についての情報提供その他の援助

②　都道府県と市に設置義務のある福祉専門機関

　福祉事務所　　社会福祉法第14条により，都道府県だけでなく各市（特別区を含む）に設置義務があり，福祉の特定分野だけでなく，福祉六法（生活保護法・児童福祉法・身体障害者福祉法・知的障害者福祉法・老人福祉法・母子及び父子並びに寡婦福祉法）に関する幅広い業務を担う，住民に最も身近で，福祉の専門的な総合窓口ともいえる，福祉行政の第一線機関である。なお，町村は任意設置である。

　市・区・町村福祉事務所は，福祉六法全般に関する業務を行っているが，それに対して，都道府県福祉事務所は，福祉三法（福祉六法のうち老人・身体障害者・知的障害者福祉法を除く，生活保護法・児童福祉法・母子及び父子並びに寡婦福祉法の三法）に関する業務を行っている。これは，1993（平成５）年度から高齢

者・身体障害者福祉分野で，2003（平成15）年度から知的障害者福祉分野で，それぞれ行政上の実施主体が都道府県から市町村へと移ったことによる。

（2）福祉の民間団体・組織

①　社会福祉法人

社会福祉法に基づき，「社会福祉事業」（第1種社会福祉事業および第2種社会福祉事業のこと）を行うことを目的として設立された法人である。所轄庁は，原則として法人の主な事務所が所在する都道府県とされるが，法人の事業が法人の主な事務所の所在する市の区域を超えない場合には当該市が管轄庁となる。

社会福祉法人は，福祉を担う「公共性」「公益性」の高い法人として位置づけられ，事業に責任をもつ6人以上の理事が必要であることや，資産を保有していることのほか，事業の「安定性」（継続性）が求められるなど，認可の条件も一定の厳しさがある。さらに，行政の行う指導監査も定期的に受けなければならない。だが，その一方で，法人所得税や固定資産税などが原則非課税となる税制優遇措置や，高率の補助金など，国からの大きな公的支援も受けている。

社会福祉法人は，目的とする「社会福祉事業」に支障がない限り，「従たる事業」としての「公益事業」（公益を目的に社会福祉を行う事業）や「収益事業」（収益を社会福祉事業や公益事業にあてるための事業）を行うことができる。

②　社会福祉協議会

社会福祉協議会は，1951（昭和26）年に制定された社会福祉事業法（現・社会福祉法）に基づき，地域福祉を推進することを目的とした，営利を目的としない公共性の高い民間団体である。一般に社会福祉法人の法人格をもつ。

なお，社会福祉協議会は，市区町村社会福祉協議会・都道府県社会福祉協議会・全国社会福祉協議会の3つに分かれている。その主な業務内容は次の通りである。

　　①　市区町村社会福祉協議会：社会福祉事業の企画・実施や，社会福祉活動への住民の参加のための援助，社会福祉事業に関する調査，普及，宣

伝，連絡，調整・助成，等。

ⅱ　都道府県社会福祉協議会：広域的な社会福祉事業の企画・実施や，広域的な社会福祉活動への住民の参加のための援助，社会福祉事業に関する調査，普及，宣伝，連絡，調整・助成，社会福祉事業従事者の養成・研修，社会福祉事業の経営に関する指導・助言，市区町村社会福祉協議会の相互の連絡や事業の調整等。

ⅲ　全国社会福祉協議会：全国にある社会福祉協議会の相互の連絡や事業の調整等。

　また，各社会福祉協議会では，地域のボランティア活動の活性化を図るための組織として「ボランティアセンター」を設置している。ここでは，ボランティア情報の収集と発信，ボランティアコーディネート業務（ボランティアをしたい人としてほしい人・団体とをつなぐ業務）などを行い，また，ボランティアに関する教育・研修の場，ボランティアの情報交換の場としても機能している。

③　その他の民間団体・組織

　社会福祉の分野で活動しているその他の民間団体・組織としては，以下のものが挙げられる。

ⅰ　毎年，地域の民間福祉団体等への広範な資金援助の道筋を創り出している「共同募金会」（それは第一種社会福祉事業の社会福祉法人である）。

ⅱ　災害救援や国際協力など20種類にも及ぶ活動分野で，公益的で非営利の活動をさまざまに展開している「NPO法人」（特定非営利活動法人）。

ⅲ　断酒会や障害児親の会など当事者同士の支え合いや周りの地域・社会（の人々）への啓発や働きかけ等も行っている各種「セルフヘルプグループ」。

　また，その他，大小・各種のボランティア団体等々が挙げられる。

（3）社会福祉施設の役割

1）社会福祉施設の役割とその機能

①　社会福祉施設の役割

　社会福祉施設とは，生活上の問題を抱える人たちに，問題の解決や軽減を図るための種々の福祉サービスを提供するために設置された施設のことである。

　つまり，さらに詳しく言うならば，社会福祉施設とは，〈対象者として〉社会生活上の問題を抱える高齢者や子ども，母子・父子・寡婦，障害者，生活困窮者などに対して，〈サービス内容として〉家族に代わる生活支援上の諸サービスや専門的な治療・教育・リハビリテーション，相談援助などのサービスを継続的に提供することにより，〈目的として〉生活を安定させて，自立の促進を図り，その人らしい主体的な生活・人生を保障していくために設置された，活動や生活の場としての役割をもつものである。

②　社会福祉施設のもつ主な機能

社会福祉施設のもつ代表的な機能を以下に3つ挙げてみよう。

　　ⅰ　「生活支援サービス」としての機能
　　　衣・食・住における支援を始めとした，生活上の諸サービスの提供機能のこと（＝ケアワークの提供機能）。
　　ⅱ　「治療・教育・訓練サービス」としての機能
　　　医学的な治療・ケアの機能，教育や訓練・リハビリテーションなどの機能のこと（＝医療・教育・リハビリテーションの提供機能）。
　　ⅲ　「個別・集団援助サービス」としての機能
　　　個別支援計画や自立支援計画等の策定・実施・評価や，個人や集団に対する対人関係上の調整，利用できる社会資源の活用への援助などの機能のこと（ソーシャルワークの提供機能）。

2）社会福祉施設の体系とその分類

表4-3を参照しながら，社会福祉施設の全体の体系とその分類の仕方につ

表 4 - 3　社会福祉施設の分類・種類

施設分類	施設の種類	種　別	入・通・利の別	根　拠　法
保護施設	救護施設	第 1 種	入所	生活保護法38条
	更生施設	第 1 種	入所	生活保護法38条
	医療保護施設	第 2 種	利用	生活保護法38条
	授産施設	第 1 種	通所	生活保護法38条
	宿所提供施設	第 1 種	利用	生活保護法38条
老人福祉施設	養護老人ホーム	第 1 種	入所	老人福祉法20条の 4
	特別養護老人ホーム	第 1 種	入所	老人福祉法20条の 5
	軽費老人ホーム	第 1 種	入所	老人福祉法20条の 6
	老人福祉センター	第 2 種	利用	老人福祉法20条の 7
障害者支援施設等	障害者支援施設	第 1 種	入所通所	障害者総合支援法 5 条の11
	地域活動支援センター	第 2 種	利用	障害者総合支援法 5 条の27
	福祉ホーム	第 2 種	利用	障害者総合支援法 5 条の28
身体障害者社会参加支援施設	身体障害者福祉センター	第 2 種	利用	身体障害者福祉法31条
	補装具製作施設	第 2 種	利用	身体障害者福祉法32条
	盲導犬訓練施設	第 2 種	利用	身体障害者福祉法33条
	点字図書館	第 2 種	利用	身体障害者福祉法34条
	点字出版施設	第 2 種	利用	身体障害者福祉法34条
	聴覚障害者情報提供施設	第 2 種	利用	身体障害者福祉法34条
婦人保護施設	婦人保護施設	第 1 種	入所	売春防止法36条DV 防止法 5 条
児童福祉施設	助産施設	第 2 種	入所	児童福祉法36条
	乳児院	第 1 種	入所	児童福祉法37条
	母子生活支援施設	第 1 種	入所	児童福祉法38条
	保育所	第 2 種	通所	児童福祉法39条
	幼保連携型認定こども園	第 2 種	通所	児童福祉法39条の 2
	児童厚生施設（児童館）	第 2 種	利用	児童福祉法40条
	児童厚生施設（児童遊園）	第 2 種	利用	児童福祉法40条
	児童養護施設	第 1 種	入所	児童福祉法41条
	障害児入所施設	第 1 種	入所	児童福祉法42条
	児童発達支援センター	第 2 種	通所	児童福祉法43条

	児童心理治療施設	第1種	入所通所	児童福祉法43条の2
	児童自立支援施設	第1種	入所通所	児童福祉法44条
	児童家庭支援センター	第2種	利用	児童福祉法44条の2
母子・父子福祉施設	母子・父子福祉センター	第2種	利用	母子父子寡婦福祉法39条
	母子・父子休養ホーム	第2種	利用	母子父子寡婦福祉法39条
その他の社会福祉施設等	授産施設	第1種	通所	社会福祉法2条2項7号
	宿所提供施設	第2種	利用	社会福祉法2条2項8号
	盲人ホーム		利用	（昭37.2.27社発109号）
	無料定額診療施設	第2種	利用	社会福祉法2条2項9号
	隣保館	第2種	利用	社会福祉法2条2項11号
	へき地保健福祉館		利用	（昭40.9.1厚生省発社222号）
	へき地保育所	第2種	通所	（昭36.4.3厚生省発児76号）
	地域福祉センター		利用	（平6.6.23社援地74号）
	老人憩の家		利用	（昭40.4.5社老88号）
	老人休養ホーム		利用	（昭40.4.5社老87号）
	有料老人ホーム	公益事業	入所	老人福祉法29条

注：表中の「第1種」＝第1種社会福祉事業，「第2種」＝第2種社会福祉事業。
出所：厚生労働統計協会編『国民の福祉と介護の動向 2018/2019』厚生労働統計協会，2018年，319-321頁を参考に筆者作成。

いてみてみよう。

① 根拠法による分類

社会福祉施設がどの法律により設置されたものか，つまりその根拠法は何か，ということから分類・整理するならば，表4-3の通り，社会福祉施設は次のように大別される。

ⅰ　保護施設（「生活保護法」による）。

ⅱ　老人福祉施設（「老人福祉法」による）。

ⅲ　障害者支援施設等（「障害者総合支援法」による）。

ⅳ　身体障害者社会参加支援施設（「身体障害者福祉法」による）。

ⅴ　婦人保護施設（「売春防止法」および「DV防止法」による）。

ⅵ　児童福祉施設（「児童福祉法」による）。

　　ⅶ　母子・父子福祉施設（「母子及び父子並びに寡婦福祉法」による）。

　　ⅷ　その他の社会福祉施設等（「社会福祉法」等々による）。

　②　社会福祉法に基づく分類──「第1種」と「第2種」の別

　社会福祉法第2条により，社会福祉施設を含むすべての社会福祉事業は，第1種社会福祉事業と第2種社会福祉事業に区分されている。

　ここで，第1種社会福祉事業とは，利用者の生活への影響が大きく，経営安定を通じた利用者の保護の必要性が高い事業であり，主として入所施設サービスが該当するものである。その設置主体は，原則として行政（国・地方公共団体）および社会福祉法人に限定されている。

　一方，第2種社会福祉事業は，第1種と比較すると利用者への影響が小さいため，公的規制の必要性の低い事業であり，主として在宅サービスが該当するものである。よって，設置主体についての制限は特別設けられていない。

　③　利用形態による分類──入所・通所・利用の別

　社会福祉施設は表4-3の通り，その利用形態により「入所」「通所」「利用」の施設に分類される。

　　ⅰ　入所施設：生活のベースが24時間その施設にあり，そこで毎日寝起きするような利用形態の施設。その多くが第1種社会福祉事業となっており，設置主体も行政ないしは社会福祉法人が主となっている（代表例は乳児院など）。

　　ⅱ　通所施設：家庭から通うかたちで，「週何日・1日何時間」といった一定の日程・時間での利用を行う形態の施設（その代表例は保育所など）。

　　ⅲ　利用施設：地域の一般の誰もが自分のペースで自由に利用できる形態の施設（その代表例は児童館や児童遊園など）。②・③の通所・利用型の施設は，第2種社会福祉事業に区分されており，設

置主体の特別な制限がないので，株式会社等の多様な経営主体の参入が可能となっている。

3）社会福祉施設の利用方式

1997（平成9）年の児童福祉法改正で保育所の利用方式が利用契約制度に変わるまでは，わが国の社会福祉サービスの利用方式は，そのすべてが「措置制度」であった。ちなみに，措置制度とは，福祉サービスの利用に際して行政側がそのサービス内容等の決定（＝行政措置・行政処分）を下す制度で，サービス利用の決定権は利用者ではなく行政側がもつ制度である。

2000（平成12）年を境に，こうした行政決定型の措置制度は大きく見直されることとなり，それに代わるものとして，利用者が主体的にサービスを選択・決定できる契約方式の利用制度が導入されてきた。しかしながら，そこにもいろいろな試行錯誤的な手直しが行われ，現在では，複数のサービス利用の方式もみられる。

そこで今日，具体的に，社会福祉施設の利用方式として挙げるのであれば，次の5つの方式，つまり，①措置制度（今でもこの方式を採る施設があるので），②（障害者福祉における）自立支援給付制度，③子ども・子育て支援方式，④行政との契約方式（母子生活支援施設，助産施設が対象），⑤介護保険方式，などが挙げられる。だが，それぞれが複雑な内容をもつものなので，以下には，このうちの特に3つ（①〜③）だけを取り上げ，しかもそれぞれのごく概略的な内容を示すことに留める。

① 措置制度

行政が，利用者の申請を受け（または行政側の判断で）利用者の入所する施設の決定（入所措置の決定）を行い，利用者は（原則その決定に同意して）その施設に入所しサービス提供を受けるという仕組みである。そのため基本的には，利用者（やその家族・親族も）がどの施設の，どのサービスにするかなどの自己選択・決定はできないことになっている。

行政は，施設に措置委託費（費用）を支払い，利用者からはその支払い能力

（所得等）に応じて費用徴収を行うという制度である。なお，現在でもこの制度が適用されている主な施設は，以下の通りである。

　　ⅰ　乳児院，児童養護施設，児童心理治療施設，児童自立支援施設。
　　ⅱ　養護老人ホーム。
　　ⅲ　救護施設などの生活保護法に基づく各施設。

②　（障害者福祉における）自立支援給付制度
　利用者が障害者福祉施設の利用を希望する場合には，障害者総合支援法に規定されたこの制度に基づいて一連の手続きが行われる。施設サービス利用の流れは，以下の通りである。

　　ⅰ　「相談・申請」（利用者が市町村に申請）。
　　ⅱ　「認定調査」（市町村が利用者の障害状態を調査）。
　　ⅲ　「審査・認定」（調査結果等をもとに利用者の「障害支援区分」を認定）。
　　ⅳ　「サービス利用等計画案の作成・提出」。
　　ⅴ　「決定通知」（計画案をもとにサービス内容を決定し「受給者証」を交付）。
　　ⅵ　「サービス利用」（施設（事業者）と契約し，施設利用の開始）。
　　ⅶ　「費用負担」（利用者の費用負担（支払い能力に応じた上限額設定あり）とその残りの費用は市町村からの給付費で，施設（事業者）へと支払われる）。

③　子ども・子育て支援方式
　2015（平成27）年からの子ども・子育て関連３法の施行により，就学前の教育・保育施設（幼稚園，保育所，認定こども園，地域型保育事業など）に導入された新たな施設利用の手続きの方法である。サービス利用の流れは，以下の通りである。

　　ⅰ　利用者は，市町村に保育の必要性の認定を申請。

ⅱ　市町村が，保育の必要性の認定を行い（1～3号認定）認定証を交付。

ⅲ　利用者は，市町村に保育利用希望の申込み。

ⅳ　市町村は，利用可能な教育・保育施設のあっせんや要請。

ⅴ　利用者は，施設（事業者）と公的に契約。

ⅵ　保育料は市町村から事業者に施設型給付（保育所，認定こども園，（新制度移行の）幼稚園の場合）または地域型保育給付（地域型保育事業の場合）として支払われる（法定代理受領と呼ぶ）。

ⅶ　利用者は，施設（事業者）に必要な費用を支払う。[2]

3　社会福祉の担い手

　少子高齢化の進行に伴い，人々の生活を取り巻く状況は複雑化し，社会的支援の必要性が年々高まってきた。こうした背景から，人生のさまざまな場面で生じる生活課題に対し，専門的な知識と技術を持って対応できる人材の確保が不可欠とされてきた。ここでは，社会福祉の担い手となる専門職を取り上げ，それぞれの資格・職種の概要や，保育現場との関わりについて述べる。さらに，社会福祉の実践者に求められる専門性と倫理についても説明する。

（1）高まる専門性への期待──社会福祉分野の国家資格

1）社会福祉士

　社会福祉の専門職が初めて国家資格として法制化されたのは，「社会福祉士及び介護福祉士法」が公布された1987（昭和62）年のことである。社会福祉士は「社会福祉士の名称を用いて，専門的知識及び技術をもつて，身体上若しくは精神上の障害があること又は環境上の理由により日常生活を営むのに支障がある者の福祉に関する相談に応じ，助言，指導，福祉サービスを提供する者又は医師その他の保健医療サービスを提供する者その他の関係者…（中略）…との連絡及び調整その他の援助を行うこと…（中略）…を業とする者」（社会福祉士及び介護福祉士法第2条第1項）と定められている。

社会福祉士の活躍の場は，社会福祉施設や行政機関，医療機関など幅広く，社会福祉全般にわたる。保育の分野においても子育て支援のソーシャルワーク業務で専門性の発揮が求められているため，保育士等の有資格者がスキルアップのために社会福祉士の資格取得を目指すケースも少なくない。

2）介護福祉士

介護福祉士は，社会福祉士と同じく1987（昭和62）年の「社会福祉士法及び介護福祉士法」公布により法制化された国家資格である。介護福祉士は「介護福祉士の名称を用いて，専門的知識及び技術をもって，身体上又は精神上の障害があることにより日常生活を営むのに支障がある者につき心身の状況に応じた介護…（中略）…を行い，並びにその者及びその介護者に対して介護に関する指導を行うこと…（中略）…を業とする者」（社会福祉士及び介護福祉士法第2条第2項）と定められている。

少子高齢化の進行により，保育所と高齢者施設が同一建物内に併設される複合施設も増えている。核家族化が進み，子どもたちと高齢者がふれあう機会の少ない現代において，保育職と介護職の連携により，保育園児と高齢者が日常的に交流できる環境を作ることは有意義である。また時には合同で季節行事などを行うことにより，わが国の伝統や，その土地の文化を伝承する機会にもなることから，保育内容の充実にもつながると考えられる。

3）精神保健福祉士

精神保健福祉士は，1997（平成9）年の「精神保健福祉士法」公布により，法制化された国家資格である。精神保健福祉士は「精神保健福祉士の名称を用いて，精神障害者の保健及び福祉に関する専門的知識及び技術をもって，精神科病院その他の医療施設において精神障害の医療を受け，又は精神障害者の社会復帰の促進を図ることを目的とする施設を利用している者の地域相談支援…（中略）…の利用に関する相談その他の社会復帰に関する相談に応じ，助言，指導，日常生活への適応のために必要な訓練その他の援助を行うこと…（中略）…を業とする者」（精神保健福祉士法第2条）と定められている。

社会福祉士，介護福祉士に続く第3番目の国家資格だが，精神医療の現場に

おいては精神科ソーシャルワーカー（PSW：Psychiatric Social Worker）として定着している職種が制度化されたものである。

　ストレス社会と言われる現代において，仕事や家庭のストレスから精神的な不調を抱えるケースが増えている。特に女性は出産前後にうつ状態に陥ることがあり，育児ストレスが児童虐待を生む要因にもなることから，早期の段階で専門的支援を導入することが望ましいと考えられている。また高齢化の進行により認知症高齢者の増加も見込まれ，精神保健福祉士の活躍の場は，今後もさらに広がっていくと考えられる。

4）保 育 士

　保育士は「保育士の名称を用いて，専門的知識及び技術をもつて，児童の保育及び児童の保護者に対する保育に関する指導を行うことを業とする者」（児童福祉法第18条の4）と定められている。保育士となる資格を有する者は，「①都道府県知事の指定する保育士を養成する学校その他の施設を卒業した者（学校教育法に基づく専門職大学の前期課程を修了した者を含む。），②保育士試験に合格した者」，とされている（児童福祉法第18条の6）。

　かつては「保母」の名称で，児童福祉施設における子どもの保育を中心業務としていたが，1999（平成11）年に「保育士」と名称変更され，2003（平成15）年に国家資格として法制化された経緯がある。子どもの保育に加えて「児童の保護者に対する保育に関する指導」が保育士業務に位置づけられたことで，保育士の専門性がより明確化されたのである。少子高齢化の進行する現代において，保育士には，子育て支援の専門職としてさまざまな関係機関との連携や，広い視野に基づく多世代交流の取り組み，地域住民との良好な関係作りが求められている。

（2）行政機関で働く児童福祉専門職

1）児童福祉司

　児童福祉法第13条には，「都道府県は，その設置する児童相談所に，児童福祉司を置かなければならない」と定められている。

表4-4 児童福祉司の勤務年数

1年未満	1～3年	3～5年	5～10年	10年以上
約15%	約29%	約17%	約24%	約16%

出所：厚生労働省子ども家庭局家庭福祉課「平成30年児童福祉司・児童心理司の勤務年数について」2018年。

　児童福祉司の主な業務内容として，児童相談所運営指針には①子ども，保護者等から子どもの福祉に関する相談に応じること，②必要な調査，社会診断を行うこと，③子ども，保護者，関係者等に必要な支援・指導を行うこと，④子ども，保護者等の関係調整（家族療法など）を行うこと，の4項目が明記され，児童福祉司は個々のケースについて，面接や電話対応，家庭訪問，施設入所に関する手続き，関係機関との連絡調整などの業務にあたっている。

　近年，児童相談所に寄せられる虐待相談の件数増加に伴い，一人の児童福祉司にかかる負担も増え続けているが，児童福祉司の勤務年数を見ると，経験の浅い3年未満の職員の占める割合が4割を超えていることがわかる（表4-4）。

　虐待相談への適切な対応には，十分な経験を積んだ児童福祉司の指導的役割が重要であることから，長期的視点で人材育成に取り組む必要がある。2018（平成30）年の「児童虐待防止対策体制総合強化プラン」（新プラン）では，児童福祉司の人数を2017（平成29）年度の実績数3,240人から2022年の目標数を5,260人とし，約2,020人増員する方針を打ち出している。[3]

２）社会福祉主事，母子・父子自立支援員，家庭相談員

　福祉事務所には，社会福祉法第18条に基づき，「社会福祉主事」が配置されている。社会福祉主事任用資格については，社会福祉法第19条に示されており，大学等において厚生労働大臣の指定する科目を修めて卒業した者，指定養成機関や講習会の課程を修了した者などが該当する。福祉事務所には，生活保護の実施機関としての役割があり，多くの社会福祉主事が生活保護法に基づくケースワーカー業務にあたっている。

　ひとり親家庭に対しては，福祉事務所に配置されている「母子・父子自立支援員」が相談に応じ，自立に必要な情報提供及び指導，職業能力の向上及び求職活動に関する支援を行っている。2014（平成26）年に「母子及び寡婦福祉法」

が「母子及び父子並びに寡婦福祉法」に改正されたことから，以前の「母子自立支援員」が「母子・父子自立支援員」に名称変更された。福祉事務所は児童福祉施設のうち助産施設，母子生活支援施設の利用相談に対応しているほか，ひとり親家庭の支援には，福祉制度はもとより，就労，住宅，保健，医療，教育等，さまざまなサービス活用が考えられる。「母子・父子自立支援員」は，その職務を行うにあたって，さまざまな関係機関と密接に連携しながら支援にあたっている。

　また，福祉事務所には，家庭における適正な児童養育，家庭における児童福祉の向上を図るために家庭児童相談室が設置されている（昭和39年「家庭児童相談室の運営設置について」厚生事務次官通達）。2004（平成16）年の児童福祉法改正では，市町村の業務としての児童家庭相談が法律に明記され，さらに2016（平成28）年の改正では，住民の身近な場所における児童の福祉に関する支援に係る業務としての市町村の役割が明確化された（児童福祉法第3条の3）。家庭児童相談室には「家庭相談室設置運営要綱」に基づき，家庭児童福祉に関する専門的技術を必要とする業務を行う職員として，家庭児童福祉の業務に従事する社会福祉主事及び家庭児童福祉に関する相談指導業務に従事する「家庭相談員」が配置されている。

（3）関連分野の福祉専門職

1）医療ソーシャルワーカー

　人々が生活上の困難を抱えている場合，その状況を引き起こした原因として，病気や，事故などによる負傷が関係している場合も多い。医療機関には，患者や家族に対し，医療職と連携しながらソーシャルワーク業務を行う医療ソーシャルワーカー（MSW：Medical Social Worker）が配置されている。医療ソーシャルワーカーに必須とされる資格はないが，社会福祉士や精神保健福祉士の有資格者が多く，入院中はもとより退院後も地域の社会資源を活用して安定した生活が送れるよう，さまざまな連絡調整を行っている。

2）介護支援専門員（ケアマネージャー）

　2000（平成12）年施行の介護保険制度において，利用者や家族との契約により介護サービス計画（ケアプラン）を作成し，サービス事業者との連絡調整にあたる専門職として制度化された。保健・医療・福祉分野の国家資格で登録後５年以上の実務経験者が，介護支援専門員実務研修受講試験に合格し，実務研修を受けて登録される。居宅介護支援事業所や高齢者施設に配置されているが，高齢化の進行に伴い，家庭内で高齢者の介護問題と子育ての課題等が同時に重なるケースも増えると考えられるため，保育職との連携も重要になることが予想される。

3）訪問介護員（ホームヘルパー）

　介護保険制度における訪問介護（ホームヘルプ）サービスや，高齢者施設の介護職員として働く職種で，身体介護や生活援助などの業務にあたる。国家資格である介護福祉士とは異なり，制度化された研修を受講することで取得できる。研修は「生活援助従事者研修」「介護職員初任者研修」「実務者研修」と，段階的にステップアップが目指せる仕組みとなっており，さらに2018（平成30）年からは，介護未経験者も受講しやすい「入門的研修(4)」が新たに設けられた。高齢化の進行は今後さらに続くと予想され，将来の介護人材を確保するための対策が取られている。

4）公認心理師・臨床心理士

　ソーシャルワークでは，利用者の社会生活全体を視野に入れて支援にあたるが，心のケアも必要なケースについては，心理職との連携によって行われる。

　公認心理師は，2015（平成27）年に公認心理師法が公布されたことにより法制化された心理職として初の国家資格である。心理職の分野では，民間資格として約30年の歴史をもつ臨床心理士が業務の中心を担ってきた。しかし，近年の国民生活の状況から，人々の心の健康の問題に対応するために，国家資格による資質の裏づけが必要とされたのである。

　2018（平成30）年に第１回公認心理師国家試験が実施され，約２万6,000名の登録者が誕生している。公認心理師法施行後５年間は特例措置として実務経験

者も指定の講習受講により国家試験を受けることができるため，既に臨床心理士の資格を持つ現任者の中から公認心理師の登録者も増えていくと考えられる。

（4）求められる専門性と倫理

1）福祉実践の基盤となる倫理

　相談支援の現場において，利用者の相談内容はさまざまであり，どのような状況であっても，利用者の相談内容は個別に検討され，その人自身の選択に合わせて支援の方向性が決まる。また，ソーシャルワーカーもそれぞれ違った環境で育ち，専門職としての経験内容も異なるため，さまざまな価値観を有している。したがって，同じような状況に直面した場合，いくつもの異なる判断が考えられる。

　例えば，利用者とのかかわりにおいて常識の範囲から逸脱した生活実態が認められた場合，まずは原則として本人の意志を尊重するが，そのことによって本人や周囲に対する不利益が予想される場合は，利用者との信頼関係を構築しながら，生活改善に向けた相談，支援にあたる。このような時，ソーシャルワーカーに求められるのは，個人的な価値観によって対応することではなく，専門職としての倫理的判断に基づく決定をすることである。

2）倫理綱領

　このように，社会福祉の仕事は，統一したマニュアルによって遂行することのできない仕事であり，適切な倫理的判断のためには，ソーシャルワーカーが目指すべき指針を共有しておく必要がある。

　国家資格である保育士や社会福祉士，介護福祉士などの専門職団体は，それぞれの指針を「倫理綱領」として掲げている。「倫理綱領」には，「①ソーシャルワーク実践の質の担保，②社会的信用の確保，③倫理的判断の指針，④外部規則に対する防備，といった四つの機能がある[5]」とされている。

　ここに取り上げる「全国保育士会倫理綱領」は，保育士の国家資格化に合わせて2003（平成15）年に策定されたものである。国家資格化によって，保育士の業務には「児童の保護者に対する保育に関する指導」等が加わっており，こ

表4-5　全国保育士会倫理綱領

　すべての子どもは，豊かな愛情のなかで心身ともに健やかに育てられ，自ら伸びていく無限の可能性を持っています。

　私たちは，子どもが現在（いま）を幸せに生活し，未来（あす）を生きる力を育てる保育の仕事に誇りと責任をもって，自らの人間性と専門性の向上に努め，一人ひとりの子どもを心から尊重し，次のことを行います。

　　私たちは，子どもの育ちを支えます。

　　私たちは，保護者の子育てを支えます。

　　私たちは，子どもと子育てにやさしい社会をつくります。

（子どもの最善の利益の尊重）
1．私たちは，一人ひとりの子どもの最善の利益を第一に考え，保育を通してその福祉を積極的に増進するよう努めます。

（子どもの発達保障）
2．私たちは，養護と教育が一体となった保育を通して，一人ひとりの子どもが心身ともに健康，安全で情緒の安定した生活ができる環境を用意し，生きる喜びと力を育むことを基本として，その健やかな育ちを支えます。

（保護者との協力）
3．私たちは，子どもと保護者のおかれた状況や意向を受けとめ，保護者とより良い協力関係を築きながら，子どもの育ちや子育てを支えます。

（プライバシーの保護）
4．私たちは，一人ひとりのプライバシーを保護するため，保育を通して知り得た個人の情報や秘密を守ります。

（チームワークと自己評価）
5．私たちは，職場におけるチームワークや，関係する他の専門機関との連携を大切にします。また，自らの行う保育について，常に子どもの視点に立って自己評価を行い，保育の質の向上を図ります。

（利用者の代弁）
6．私たちは，日々の保育や子育て支援の活動を通して子どものニーズを受けとめ，子どもの立場に立ってそれを代弁します。

　　また，子育てをしているすべての保護者のニーズを受けとめ，それを代弁していくことも重要な役割と考え，行動します。

（地域の子育て支援）
7．私たちは，地域の人々や関係機関とともに子育てを支援し，そのネットワークにより，地域で子どもを育てる環境づくりに努めます。

（専門職としての責務）
8．私たちは，研修や自己研鑽を通して，常に自らの人間性と専門性の向上に努め，専門職としての責務を果たします。

社会福祉法人　全国社会福祉協議会

全国保育協議会

全国保育士会

出所：全国保育士ホームページ（www.z-hoikushikai.com，2019年12月28日アクセス）。

の倫理綱領には，その新しい業務内容を含めた専門職としての役割を社会に示す意図も込められている（表 4 - 5）。

注

⑴　広義の「社会福祉」と「社会保障」は，通常は，明確に使い分けがなされず，時には，ほぼ同義に使われることさえあるが，ここでは，憲法第25条第 2 項に基づき，図 3 - 2 の体系において整理し，理解することとする。

⑵　2019（令和元）年10月からの「幼児教育・保育の無償化」により（また，それに伴う2019〔令和元〕5 月の「子ども・子育て支援法の一部を改正する法律」の制定により），利用者の負担する費用は，利用している施設・事業所や子どもの年齢，利用料・食材料費・行事費等の別により，細かく設定され異なっている。

⑶　「児童虐待防止対策体制総合強化プラン（新プラン）のポイント」（平成30年12月18日児童虐待防止対策に関する関係府省庁連絡会議決定）（首相官邸ホームページ〔https://www.kantei.go.jp/jp/singi/hanzai/dai30/siryou3-2.pdf, 2019年12月28日アクセス〕）。

⑷　厚生労働省社会・援護局福祉基盤課長「介護に関する入門的研修の実施について」平成30年 3 月30日　社援基発0330第 1 号。

⑸　社会福祉士養成講座編集委員会編『相談援助の基盤と専門職　第 3 版』（新・社会福祉士養成講座⑥）中央法規出版，2015年，140頁。

参考文献

・第 1 節

『最新　保育士養成講座』総括編纂委員会編『社会福祉』（最新　保育士養成講座④）全国社会福祉協議会，2019年。

児童育成協会監修，松原康雄・圷洋一・金子充編『社会福祉』（新・基本保育シリーズ④）中央法規出版，2019年。

池村正道編『福祉行財政と福祉計画　第 3 版』（社会福祉士シリーズ⑩）弘文社，2016年。

・第 2 節

池村正道『福祉行財政と福祉計画　第 3 版』（社会福祉士シリーズ⑩），弘文社，2016年。

厚生労働統計協会編『国民の福祉と介護の指標　2018/2019』厚生労働統計協会，2018年。

『最新　保育士養成講座』総括編纂委員会編『社会福祉』（最新　保育士養成講座④）

全国社会福祉協議会，2019年。

児童育成協会監修，松原康雄・圷洋一・金子充編『社会福祉』（新・基本保育シリーズ④）中央法規出版，2019年。

竹原健二編『現代社会福祉』学文社，2004年。

橋本好市・宮田徹編『保育と社会福祉 第3版』（学ぶ・わかる・みえる　シリーズ保育と現代社会）みらい，2019年。

・**第3節**

ミネルヴァ書房編集部編『社会福祉小六法 2019』ミネルヴァ書房，2019年。

『第2回公認心理師受験の手引き（一部抜粋版)』2019年（日本心理研修センター HP〔shinri-kenshu.jp〕)。

| 第5章 | ソーシャルワークの理論と方法 |

1 ソーシャルワークとは何か

　社会福祉においては，ソーシャルワークは欠かすことができない重要な支援活動である。また，保育の現場においても，子育て支援が必要とされている今，ソーシャルワークに対する理解とその支援を展開する能力が求められている。

（1）ソーシャルワークの定義

　国際ソーシャルワーカー連盟（IFSW）と国際ソーシャルワーク学校連盟（IASSW）は，2014年にソーシャルワークのグローバル定義を承認した（表5-1）。その主点は次の4つにまとめられる。

　①　ソーシャルワークは人々の生活課題への支援から社会変化を促す支援までの幅広い実践活動で培った方法や技術に基づく専門職である。

　②　ソーシャルワークは「社会正義」「人権」「集団責任」と「多様性尊重」を原則とした専門職である。したがって，ソーシャルワークとはこれらの価値観を基礎とした支援活動である。

　③　ソーシャルワークはその理論に限らず，社会科学，民族固有の知恵などの幅広い学問や知識を基盤とした支援活動である。したがって，ソーシャルワーク特有の理論はあるが，幅広い分野の理論や知識を取り入れている。

　④　人々の生活課題を解決・緩和するため，人々のさまざまな構造（個人，家族，集団，地域など）に働きかける。ソーシャルワークでは，個人のみならず，家庭，集団や地域などに対して支援や働きかけを行う。

表5-1 IFSW と IASSW によるソーシャルワークのグローバル定義

ソーシャルワークは，社会変革と社会開発，社会的結束，および人々のエンパワメントと解放を促進する，実践に基づいた専門職であり学問である。社会正義，人権，集団的責任，および多様性尊重の諸原理は，ソーシャルワークの中核をなす。ソーシャルワークの理論，社会科学，人文学，および地域・民族固有の知を基盤として，ソーシャルワークは，生活課題に取り組みウェルビーイングを高めるよう，人々やさまざまな構造に働きかける。
(2014年承認)

出所：日本ソーシャルワーカー連盟「ソーシャルワーカーの倫理綱領（改定案）」，2019年。

　このように，ソーシャルワークとは，価値観を基盤とした活動であり，多様な分野の理論，方法や技術を活用した援助活動である。その特徴として人々の生活支援や人権擁護のため，その支援の対象は個人，家族，集団，地域などと幅広い。ソーシャルワークの専門職はソーシャルワーカーと呼ばれ，児童相談所，福祉事務所，病院や学校などで活躍している。ソーシャルワーカーが最も活用する支援方法は個別援助技術（ケースワーク）であるが，さまざまな方法で支援を展開する。保育の現場で活動する保育者は，子どもの個別支援や保護者の子育て支援などのため，ソーシャルワークの理論や方法を実践することが求められている。

（2）ソーシャルワークの価値観

　ソーシャルワークの構成要素は価値観，知識・理論と方法・技術に分類することができる。図5-1にはその3つの要素の関係が示されており，ソーシャルワークの価値観がその基盤となっている。最も上にはソーシャルワークの方法・技術があり，この援助方法や技術はソーシャルワークの価値観と知識・理論に根づいたものである。ここではソーシャルワークの基盤となっている価値観を考える。

　日本ソーシャルワーカー連盟の「ソーシャルワーカーの倫理綱領」(改定案)[1]は上記のソーシャルワークのグローバル定義に基づいた倫理綱領であり，ソーシャルワークの原理となる価値観を6つ挙げている（表5-2）。ここでは，その内の中核となっている4つの価値観を取り上げる。

図5-1　ソーシャルワークの構成要素

出所：社会福祉士養成講座編集委員会編『相談援助の理論と方法Ⅰ　第3版』中央法規出版，2015年。

表5-2　ソーシャルワークの原理となる価値

①人間の尊厳：すべての人々を，人種，民族，国籍，出自，性，年齢，身体的精神的状況，宗教的文化的背景，社会的地位，経済状況等の違いにかかわらず，かけがえのない存在として尊重する。
②人　　　権：すべての人々を生まれながらにして侵すことのできない権利を有する存在として認識し，いかなる理由によってもその権利の抑圧・侵害・略奪を容認しない。
③社 会 正 義：差別，貧困，抑圧，排除，無関心，暴力，環境破壊などの無い，自由，平等，共生に基づく社会正義の実現をめざす。
④集団的責任：人と環境に対して，集団の有する力と責任を認識し，互恵的な社会の実現に貢献する。
⑤多様性の尊重：個人，家族，集団，地域社会に存在する多様性を認識し，それらを尊重する社会の実現をめざす。
⑥全人的存在：すべての人々を生物的，心理的，社会的，文化的，スピリチュアルな側面からなる全人的な存在として認識する。

注：ソーシャルワーカーの倫理綱領（改定案）では上記の内容はソーシャルワーカーの原理として挙げられているが，内容はソーシャルワークの価値でもあり，ここでは価値として位置づけている。
出所：日本ソーシャルワーカー連盟「ソーシャルワーカーの倫理綱領（改定案）」，2019年5月27日，1-2頁。

1）社会正義

　差別，貧困，暴力，無関心などのない，自由，平等，共生に基づく社会の実現を目指すことを意味する。ソーシャルワークの実践で出会う利用者に対する差別などの人権侵害の解決や緩和に努めることに限らず，自由，平等で人権が尊重される社会を創り出すために行動・活動することが求められている。

2）人　　権

すべての人々は生まれながらの権利があることを認識し，いかなる理由であってもその権利の抑圧・侵害・略奪を容認してはならない。ソーシャルワークの実践では権利が侵害されている利用者との出会いは容易に考えられ，その場合，その権利侵害を容認せず，利用者の権利擁護に努める責任はある。

3）集団的責任

人と環境に対して，集団が持つ力と責任を認識し，互恵的（相互的）な社会の実現に貢献することを意味する。この考え方の根底には，人々がお互いの福利（ウェルビーイング）に責任を持つべきこと，人々の関係，人と環境の関係は相互的に依存しているとの認識がある。ソーシャルワークではこの相互依存・相互尊重関係の実現に貢献することが求められる。

4）多様性の尊重

個人，家族，地域社会などにおける多様性を認識し，その多様性を尊重する社会の実現を目指すとの考え方である。ソーシャルワークの実践では多様な人々と関わる機会があり，具体的には人種，国籍や文化，家庭様式（例えば，ひとり親家庭，里親家庭），性的志向（例えば，LGBT）などの違いのある利用者との出会いがある。これらの少数派は差別を受けやすいことを認識し，その多様性（diversity）を尊重することが大切である。

2　ソーシャルワークの理論・視点

ソーシャルワークの構成要素（図5-1）では，基盤となる価値観の次にソーシャルワークの知識と理論が位置づけられている。ソーシャルワークの支援方法や技術はその価値観と同時に科学的な理論や視点で裏づけられたものでなければならない。ソーシャルワークの分野においては，人々や利用者をよりよく支援するためにさまざまな理論や視点があり，その代表的なものを紹介する。

図5-2　マズローの欲求階層論

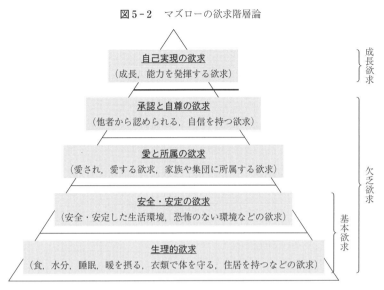

出所　岩元英隆「マズローの欲求5段階説ご存知ですか。」(https://h-iwamoto.at.webry.
info/201205/article_53.html, 2019年11月20日アクセス) 筆者一部修正。

(1) ソーシャルワークの理論

　ソーシャルワークの理論とは，人間の行動や社会環境，社会的相互作用を説明し，理解をするための枠組みを与える。ソーシャルワークの理論は，特有の理論とともに多くの専門分野の理論や知識を活用している。

1) マズローの欲求階層論

　欲求階層論は，人間性心理学の分野の理論であり，ソーシャルワークに深く影響し続けている考え方である。アメリカの心理学者であったマズロー (A. H. Maslow) が発表した理論であり，人間の行動を理解するために応用されている。この理論によると人間には5つの基本的な欲求 (ニーズ) があり，低次元の欲求からより高次元の欲求の階層となっている。図5-2に示されているように，最も基本的な欲求は，①「生理的欲求」であり，具体的には生命維持のために満たすことが不可欠である，食，水分，睡眠，暖を摂る，衣類で体を守る，住居を持つ欲求である (衣食住と略されることが多い)。次に②「安全と安定の欲

求」があり，具体的には安全な生活環境，安定な生活リズム，恐怖のない生活・家庭環境などの欲求である。

　3つ目の階層として③「愛と所属の欲求」がある。これは愛される・愛すること，家族，友だち，職場などの集団に属し，大切にされる経験を通して満たされる欲求のことである。次に④「承認と自尊の欲求」があり，他者から認められる経験，達成感や成功体験などを通して満たされる欲求である。最後の階層は⑤「自己実現の欲求」である。これは，成長することや自分が持っている潜在能力を最大限に発揮する欲求のことであり，他の4つの下位欲求が十分に満たされると実現可能とされている。

　この理論によると，人間の行動はランダムや無意味なものではなく，本人自身の欲求を満たすための意図的な行為である。また，人間の低次元の欲求の方が強く，人は先に低次元の欲求を満たしてから高次元の欲求を満たすことを求める。さらに，自己実現する人は，自己の能力を発揮するだけでなく，他人を受け入れる能力や人類の福利を思う姿勢も優れているとされている。欲求階層論では，子どもや大人にみられる問題行動（不適応行動）を本人の性格の悪さなどに原因を置くのではなく，本人の欲求を満たしていない生活環境（家庭，学校，地域など）にその原因があると考える。人間は基本的に成長や自己実現を求める存在であり，満たされていない欲求がその自己実現の妨げとなる。ソーシャルワークの肯定的な人間観は欲求階層論を深く反映している。

2）家族システム論

　家族システム論では，子どもや親の生活課題を個人と環境の直線的な因果関係で理解するのではなく，家族構成員の相互関係に焦点を当てた考え方である。システムとは複数の下位部分で構成された組織であり，人は生活環境の中で家族システムをはじめ，地域レベル，社会レベルでさまざまなシステムとの接点を持っている。家族システム論は複数あり，その基本的な見解は，以下のようにまとめられる。

　　①　家族システムは，子どもや親などで構成されており，家族構成員は相

　　互関係・交互関係にあり，常に影響し合っている。
②　家族構成員の日々の相互関係・交互関係の中から家族の生活習慣，役
　　割分担，情緒的関係のパターンが確立される。
③　家族構成員の1人に変化が生じると，それは全員に影響を与える。
④　1人の変化に対して家族システムはある程度の適応する力があるが，
　　その変化が大きい場合，家族構成員は均衡なバランスを保てず，特定の
　　構成員や弱い構成員は負担を被ることとなる。

　家族システムに変化をもたらす出来事はさまざまある。例えば，親の仕事の
ストレスの増加，親の夫婦関係の悪化，家族の病気や障害，新しい子どもの誕
生などである。これらは単独なものではなく，実は家族構成員全員の関係に響
き，家族システムの機能に影響をもたらす。家族システム論の貢献者の一人で
あるボーエン（M. Bowen）は，特に子どもや思春期児童の情緒的な病理は家族
システムを外しては理解できないと考えていた。家庭システム論によって子ど
もや親の生活課題を捉えた場合，支援の対象は子どもや親ではなく，家族全員
となる。

3）生態学的システム論

　生態学的システム論では人間が接点のあるさまざまなシステムに焦点を当て，
人の行動，社会環境や社会的相互作用を説明する。生態学の考え方を人間に当
てはめ，人は生活する中で4つの環境レベル（図5-3）で複数のシステムとの
接点を持ち，そのシステムとの相互作用により影響されるとの理論である。人
にとって最も身近な環境レベルをミクロ・レベルと呼び，そこには家族，学校，
友だち，仕事などのシステムがある。次にメゾ・レベルがあり，この環境レベ
ルとはミクロ・レベルのシステム同士の関わり（例えば，家族と学校，家族と友
だちなど）のことを指す。エクソ・レベルとは，より広い環境レベルであり，
地域社会，家族の知り合い，福祉サービスなどのシステムを指し，人と直接接
点はなくても深く影響するものである。最後は，マクロ・レベルであり，ここ
は最も広い環境レベルであり，文化の思想や考え方，法律や経済システムなど

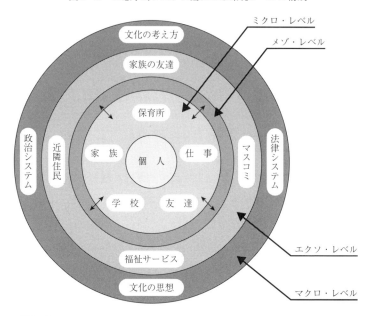

図5-3　生態学的システム論による環境レベルの構成

出所：Cormac404, Some thoughts on an ecological perspective of social media research, 2017.05.18.（https://cormac404.wordpress.com, 2019.11.20.）

が含まれる。これら4つの環境レベルで人は、さまざまなシステムと直接的な関係や間接的な関係を持って影響されている。

　この理論では、クライエント[3]の生活課題はクライエントのさまざまなシステムとの不適応（不一致）によるものとして捉える。この視点では、支援者はクライエントに影響するさまざまなシステムのうち、どのシステムと関係不適応（不一致）があるのかを判断し、そのシステム（または複数のシステム）との適応を支援する。支援活動の対象はクライエントやシステム、その環境となる。支援者は時にはクライエントが適応できるように支援をし、時にはシステムがよりクライエントのニーズに応えられるように働き、また生活環境に十分な社会資源（サービスなど）がない場合、新しい社会資源の立ち上げに努める。クライエントの生活課題を広い視野で理解し、支援はさまざまなシステム（家族、

学校，職場，福祉サービスなど）や環境レベルに向けられ，展開される。

（2）ソーシャルワークの視点

　ソーシャルワークの視点とは，ソーシャルワーク特有の価値観や観点から人間や社会を考えることを意味する。以下，5つのソーシャルワークの視点を紹介する。

1）人と環境の相互作用の視点

　人は常に環境との関係を持ちながら生活している。システム論や生態学論に基づき，人は一方的に環境から影響を受ける者ではなく，人はその環境にも影響を与えるとの考え方を踏まえた視点である。直線的な考え方では，人の生活課題は個人が一方的に環境に影響されて引き起こされると捉えられる。しかし，相互作用の視点では，人をよりダイナミックに捉え，生活課題を個人と環境の相互作用により生じていると考えられる。ソーシャルワークでは，この人と環境の相互作用の視点を基本とし，支援活動は人間と環境の双方，またはその関わり合いに向けられる。

2）ニーズの視点

　ソーシャルワークでは，「ニーズ」という言葉は専門用語として頻繁に使われる。ソーシャルワークにおいては，「ニーズ」の捉え方は2つある。その一つは「人間のニーズ」（human needs）のことを指し，人間が身体・心理・社会的な健康を保つために満たさなければならない欲求のことを意味する。ソーシャルワークの分野では，この「人間のニーズ」を理解するために長年参考にしてきた理論はマズローの欲求階層論である。ソーシャルワークの支援は，クライエントの生活課題の背景にある，満たされていないニーズを把握することから始まる。

　2つ目のニーズの捉え方は，「サービス・ニーズ」（service needs）である。「サービス・ニーズ」とは，クライエントの満たされていない「人間のニーズ」を充足するために必要なサービスや支援のことを意味する。その内容はクライエント（支援を受けている者）により異なる。例えば，「所得保障サービス」「子

育て支援サービス」「住居サービス」「雇用サービス」などが挙げられる。ソーシャルワークの基本は，クライエントの「サービス・ニーズ」を把握し，クライエントを必要なサービスにつなげることである。

3）社会資源の視点

　ソーシャルワークにおいて，「社会資源」という概念は重要である。「社会資源」とは，人のニーズ（「人間のニーズ」）を充足するためのサービス，人材，物資の総称のことである。人間は普通，生活環境にあるさまざまな「社会資源」との関係の中で生活をする。例えば，子育て家庭であれば，保育所，ママ友達，近隣に住んでいる親戚などの「社会資源」を活用しながら生活をする。地域社会にはさまざまな「社会資源」が存在しており，その「社会資源」が十分に利用されていない場合が多い。生活課題（貧困，子育て不安，虐待など）のある人の多くは「社会資源」が少なく，地域環境にある「社会資源」を活用していない。ソーシャルワークでは，クライエントを「社会資源」につなげることが大切な役割である。「社会資源」が乏しい地域の場合，「社会資源」を創り上げることもソーシャルワークの役割である。

4）ストレングスの視点

　ストレングスの視点とは，生活課題のある人（家族）を支援する過程で，そのクライエントの問題点にだけ焦点を当てるのではなく，その長所（ストレングス）を把握して活かすことを意味する。従来の支援活動ではクライエントの病理や欠陥に焦点を当て，その改善を求める取り組みであった。しかし，この手法では，クライエントの否定的な自己評価につながり，支援者との協力関係を築き難くなることが多い。ストレングスの視点では，クライエントの長所（例えば，知的能力，子どもを守る強い意志，さまざまな試練を乗り越えてきた経験など）を把握し，それを認め，支援内容に活かすのである。この視点では，クライエントもさまざまな強さがあり，成長・変わる潜在能力を持っている存在と捉えることができる。

5）エンパワメントの視点

　エンパワメントとは，クライエントが生活課題の改善に向けての自主性や自

己効力感を取り戻すことを意味する。生活課題のある人（家族）の多くは自己
肯定感が低く，その生活課題から脱却できない無力感や絶望感に陥っている。
その背景には，クライエントの成育歴，社会資源の乏しさ，地域や社会からの
差別，法律の不備などがある。エンパワメントの視点では，支援者はクライエ
ントと一緒に取り組み，生活課題の改善のために必要な知識や方法を教え，ク
ライエントが自ら決定し改善できるように支える。

　この考え方の根底には，人間の福利（ウェルビーイング）のためには自分の生
活を自己決定することや自主性を持って自ら人生を造ることが大切との見解が
ある。元々，人種差別を受けている人々を支援するための視点であるが，障害，
病気，貧困から育児不安を抱えている保護者への支援まで幅広く応用されてい
る。

（3）ソーシャルワークの基本原理

　ソーシャルワークを展開する中で理解する必要がある基本的な理念のことを
意味し，ここではノーマライゼーションとソーシャル・インクルージョンを紹
介する。

1）ノーマライゼーション

　ノーマライゼーションの理念は，「誰もが当たり前に，ありのままに，生活
したい場所で生活する」という考え方である。バンク-ミケルセン（N. E. Bank-
mikkelsen）が1950年代に知的障害者の親の会との活動の中で使った用語であり，
その後理念として発展した。知的障害者の人間の尊厳や持っている能力の発揮
のため，生活環境を可能なかぎり普通の家庭環境や地域環境にすることがその
基本的な思想である。知的障害者への支援活動から始まった理念であるが，身
体障害者や精神障害者への支援にも拡大した。また，障害のある者のみならず，
子育てに課題のある保護者（家庭）への支援の重要な理念でもある。子育て支
援を通して，子どもが続けて親元（家庭）で生活できるようにするという考え
方の基盤にノーマライゼーションの理念がある。ソーシャルワークを展開する
中で重要な考え方である。

2）ソーシャルインクルージョン

ソーシャルインクルージョン（社会的包摂とも呼ばれる）とは，「人権問題を抱えて社会から排除されている人々，あるいは社会から断絶・孤立している人々を社会の一員として受け入れ，問題解決を図るべきだ[(5)]」という理念である。人は健全で尊厳のある生活を送る権利があり，そのためには人は社会に参加する，または社会の資源を活用する平等な機会が必要であるとの価値観がこの理念の根底にある。社会から差別を受けたり，孤立しやすい立場の人々として，障害者や高齢者だけでなく，ひとり親家庭，性的マイノリティの人々，異文化や異なる宗教の人々なども挙げられる。これらの人々を社会の一員として受け入れることがソーシャル・インクルージョンである。ソーシャルワークの価値観である「社会正義」と一致し，ソーシャルワークでは，この実現に貢献することも重要である。

3　ソーシャルワークの意義と機能

ソーシャルワークとは，人々の生活課題（例えば，子育て不安など）に取り組み，また人々の福利を高めるため，人々やさまざまな構造に働きかける援助活動である。では，保育の現場で活動する保育者がソーシャルワークを学ぶ意義とは何であろうか。ここでは，保育者がソーシャルワークを学ぶ意義を考え，保育者が知っておくべきソーシャルワークの基本的機能を紹介する。

（1）保育者がソーシャルワークを学ぶ意義

社会福祉の専門職は，「ソーシャルワーク」と「ケアワーク」に分類することができる。「ソーシャルワーク」とは，生活課題のある者に対して，その課題の解決や緩和を図る支援活動である。一方「ケアワーク」とは，子ども，障害者，高齢者などに対して，世話，介護，保育などを行い，その生活を支える活動である。したがって，保育者の実践内容は「ケアワーク」に当たるが，保育者が「ソーシャルワーク」を学ぶ意義を，次のように3つ挙げることができる。

1）家庭の子育て機能の低下

　現在，少子化，核家族化，地域関係の希薄化，貧富の格差などを背景に，家庭における子育て機能が低下している。この社会環境の変化により以前よりも多くの家庭の保護者は子育て方法，子どもとの関わり方，子育て負担などの悩みを抱えている。また，保護者の生活課題（夫婦関係，仕事の負担，ドメスティック・バイオレンスなど）により子育て機能が低下している場合もある。保育の現場で出会う子育てに悩む保護者や他の生活課題のある保護者（家庭）を支援するためには，ソーシャルワークの視点や援助方法を理解することが必要である。

2）子どもや保護者への個別支援

　保育の現場では，障害や発達課題を抱えている子どもが増えている。また，特別な配慮が必要な家庭（例えば，外国籍家庭，ひとり親家庭，貧困家庭など）との出会いもある。さらに，育児不安を抱えている保護者と関わることも想定できる。これらの子どもや保護者に対しては，必要に応じて個別支援を展開することが求められる。個別援助を行うためには，ソーシャルワークの視点や援助方法（特に個別援助技術）を理解することが必要である。

3）専門機関との連携

　不適切な養育（児童虐待）が疑われる保護者や障害・発達課題を抱えている子どもへの支援の場合，専門機関との連携は欠かせない。具体的には，児童相談所，福祉事務所や児童発達支援センターなどのソーシャルワークを展開する機関との連携となる。この場合，保育者がより良く連携するためにソーシャルワークの基本的な姿勢，知識や技術に対する理解が望ましい。

（2）ソーシャルワークの機能

　ソーシャルワークは，貧困に陥っている人々や社会的弱者への支援から始まった分野であり，今では幅広い生活課題のある人々への支援に発展している。19世紀から始まったソーシャルワークは，その活動や発展を通して人々を支援するためにさまざまな機能を果たすことが必要であることを学んできた。

　そして，以下はソーシャルワークの基本的な機能である。

1）「個別支援」の機能

　生活課題のある人々に対して個別支援を展開する機能のことである。このような人（家族）の多くは福祉制度やサービスの狭間にあり，ニーズに合った支援やサービスを受けていない場合が多い。また，人とその生活環境（例えば，家族，学校や仕事など）の葛藤が生活課題の背景にある場合もある。ソーシャルワークでは，人のニーズや意向を理解し，それに沿った個別支援を展開する。

2）「連携と協力」の機能

　生活課題のある人を支援するためには，支援者やその機関（施設）が提供する支援にとどまらず，他のサービスや社会資源と連携して支援を展開することが必要な場合が多い。人の「サービス・ニーズ」に合ったサービスや社会資源と連絡をとり，お互いの役割を明確にして，協力して支援を展開する機能は重要である。

3）「社会資源の開発」の機能

　ソーシャルワークでは，生活課題のある人の支援を展開する中，必要としているサービスや社会資源がない状況に直面する時もある。この場合，支援者は新たなサービスや社会資源の開発に取り組むことが必要となる。社会資源の開発はソーシャルワークの重要な機能である。

4）「権利擁護」の機能

　人の尊厳や人権を積極的に守る機能のことである。人の生活課題の背景には人権問題があることが多く，また本人が自ら行動をとって権利を守る気力や行動力が失われていることも珍しくない。ソーシャルワークでは，「人権擁護」を通して社会的弱者の尊厳や社会正義に努めることは必要不可欠な機能である。

5）「地域支援・開発」の機能

　地域が自ら地域住民を支え，守れるように支援者が地域を支援する機能のことである。人の生活課題の裏には，地域の人間関係の希薄化，地域の社会資源の欠如，地域住民同士の支え合う意思が失われている場合もある。地域社会の自ら支え合う機能を支援することもソーシャルワークの機能である。

6）「ソーシャルアクション」機能

　人の人権擁護や支援の妨げになっている社会の価値観や法律の不備などを改善するための社会運動のことを意味する。生活課題の背景には，特定の人々への差別や偏見が存在することもあり，その人権を守るため，等しく社会資源を利用できるようになるためには法改正や社会の意識改革が必要な場合もある。社会的弱者を守るためにソーシャルアクションを起こすこともソーシャルワークの機能である。

　ソーシャルワークは，社会的弱者を守るためにあらゆる機能を果たす対人援助の技法である。前述の6機能はソーシャルワークの基本的な機能であるが，これに限るものではない。この6機能を生態学的システム論の視点から考えると，「個別援助」「連携と協力」や，「人権擁護」の機能は人の社会環境のミクロ・レベル，メゾ・レベル，エクソ・レベル，「社会資源の開発」や「地域支援・開発」の機能はエクソ・レベル，そして「ソーシャルアクション」はマクロ・レベルへの働き掛けである。ソーシャルワークでは，必要に応じてさまざまなシステムや社会環境レベルへの働き掛けを行っている。

4　ソーシャルワークの対象と実践過程

　ソーシャルワークの援助活動の対象は誰か，またその実践はどのような過程（流れ）で展開されるのかを次に解説する。

（1）ソーシャルワークの対象

　ソーシャルワークとは，人々の生活課題（例えば，子育て不安など）に取り組み，また人々の福利を高めるため，個人やさまざまな構造に働きかける援助活動である。したがって，その個人を支援するため，状況によって個人，家族，集団や地域社会がソーシャルワークの対象となる。

1）個　　人

　生活課題のある個人を対象にソーシャルワークを展開することを意味する。

保育の実践では，保育者は障害（知的障害，身体障害，発達障害など）のある子どもとの出会いもあり，これらの子どもが家庭や保育所などでニーズが十分に満たされていない場合，ソーシャルワークを展開する必要がある。また，虐待やネグレクトを経験している子どもに対して権利擁護の観点からソーシャルワークを早急に展開する必要がある。保護者の中には，育児不安や疲れ，ドメスティック・バイオレンス（DV）の被害を受けている保護者などからの相談も受けることも想定できる。保育の実践では，さまざまな形で個人へのソーシャルワークが展開されることが想定できる。

2）家　　族

　家族システム論から考えると，家族構成員は常にお互いを影響し合っている。したがって，個人（特に子ども）の生活課題（例えば，障害，虐待，問題行動など）への支援の場合，個人のみならず家族システム（家族構成員）を視野に入れ，必要に応じて家族が支援の対象になる。保育所では，時間や専門性の観点から家族全員を視野に入れたソーシャルワークには限界はあるが，子どもを支援するため時に家族を支援する必要性があるとの理解が大切である。または，保育の現場でもある児童養護施設や乳児院などでは，子どもの家庭復帰を支援する過程で家族システムに注目する必要がある。家庭復帰をする準備をする中，子ども自身の生活課題のみならず，家族内の人間関係を調整するソーシャルワークが必要である。

3）集団（グループ）

　特定の集団を対象に，ソーシャルワークを展開することを意味する。個人が抱えている生活課題の背景には，その個人が属するマイノリティ（社会的少数集団）への社会からの差別や不当な扱いがある場合もある。社会にはさまざまなマイノリティ集団があり（例えば，人種・文化，性的志向，宗教，障害を抱えている者，など），これらの集団への差別や不当な対応が個人の生活課題を直接（または間接的に）引き起こしている場合もある。したがって，マイノリティ集団を対象にソーシャルワーク（具体的にはソーシャルアクション）を展開することも大切である。保育の実践では，マイノリティ集団への支援を展開すること

は難しいが，現場ではマイノリティに属する子どもや保護者との出会いはあり，園や施設内では人権が保障され，多様性が尊重される環境を提供することが大切である。

4）地域社会

地域社会がソーシャルワークの対象となることを意味する。個人の生活課題が地域社会の人間関係の希薄化，相互支援の低下や，社会資源の欠如と関連している場合もある。この場合，地域住民の支え合う機能の回復や，新たな社会資源の開発のためのソーシャルワークを展開することが必要である。保育の実践では地域の社会資源の不足に直面することも珍しくなく，保育所が足りない，育児中の親が子どもを連れて他の親子と出会う場が少ない，学童保育が家の近くにないなどが挙げられる。この場合，保育者のみならず，他の福祉の専門職が連携して地域に向けたソーシャルワークを展開することが必要である。

ソーシャルワークの使命である，人々の生活課題の解決や緩和，人々の福利の実現のため，個人への援助のみならず，家族，集団や地域社会を対象にした支援は欠かせない。

（2）ソーシャルワークの実践過程

ソーシャルワークの実践過程とは，援助を行う際に展開される援助過程（援助の流れ）のことである。ソーシャルワークには，さまざまな援助方法（本章5参照）があり，援助活動の対象（個人，家族，集団，地域など）によりその方法は異なる。援助方法は複数あるが，多くの方法には概ね共通の援助過程があり，この援助過程からソーシャルワークのプロセスを理解することができる。

ソーシャルワークの援助過程は図5-4に示した通りである。最初の段階は「アセスメント」（事前評価）と呼ばれ，クライエントの課題を正確に理解し，そのニーズを把握する。2つ目の段階は「援助目標の設定と援助計画の作成」であり，クライエントと共に援助目標を決め，その目標を達成するために援助計画を作成する。援助計画には，具体的に誰が何をするのかを明記する。3つ目の段階は「援助計画の実施」であり，援助計画の内容を的確に実践する。

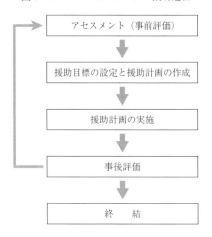

図5-4 ソーシャルワークの援助過程

```
アセスメント（事前評価）
  ↓
援助目標の設定と援助計画の作成
  ↓
援助計画の実施
  ↓
事後評価
  ↓
終　　　結
```

出所：社会福祉士養成講座編集委員会編『相談援助の理論と方法Ⅰ 第3版』中央法規出版，2015年，44頁。

4つ目の段階は「事後評価」（エヴァルエーションとも呼ばれる）であり，援助計画が確実に実施されているか，設定された援助目標は達成されているかを評価する。援助計画が的確に実施されていない場合，クライエントとともにその原因を探り，再び援助計画を実践する。実践したが援助目標は達成されていない場合，再びアセスメントを行い，援助計画を見直し，その新たな援助計画を実施する。事後評価を繰り返し行い，援助の経過をモニタリングすることが大切である。援助目標が達成され，クライエントには支援が必要ないと判断された場合，最後の「終結」の段階となり，援助が終了する。

　すべての援助方法は，この援助過程に沿って展開されるものではないが，ソーシャルワークの援助過程の基本的な流れを示している。この援助過程を通して，より効果的な援助が展開される。

5　ソーシャルワークの方法と実践技術

　ソーシャルワークは19世紀後半のイギリスやアメリカにおける貧困家庭や移民への支援活動から始まり，それを原点にさまざまな支援方法が開発され，発展した。ソーシャルワークの方法とは一つの技法ではなく，複数の援助方法であり，クライエントのニーズや支援目的により，適切な支援方法を用いて支援する。

表5-3　ソーシャルワークの方法の体系

直接援助技術
①　個別援助技術（ケースワーク）
②　集団援助技術（グループワーク）
間接援助技術
①　地域援助技術（コミュニティワーク）
②　社会福祉活動法（ソーシャルアクション）
③　社会福祉調査法（ソーシャルワーク・リサーチ）
④　社会福祉計画法（ソーシャル・プランニング）
⑤　社会福祉運営管理（ソーシャルワーク・アドミニストレーション）
関連援助技術
①　カウンセリング
②　スーパービジョン
③　ネットワーキング
④　ケアマネジメント
⑤　コンサルテーション

（1）ソーシャルワークの方法の分類

　ソーシャルワークの方法は直接援助技術，間接援助技術と関連援助技術に分類することができる（表5-3）。以下，各分類とその援助技術を解説する。

1）直接援助技術

　直接援助技術とは，支援者が生活課題のある者に対して直接関わり，支援を展開する方法であり，具体的には個別援助技術（ケースワーク）と集団援助技術（グループワーク）がある。

　①　個別援助技術（ケースワーク）

　ソーシャルワーク実践で最も活用している方法であり，支援者がクライエントに対して，信頼関係を築き，クライエントと一緒にその課題の解決や緩和を図る方法である。個別援助技術の特徴として，クライエントに対して個別的な援助を展開することにある。「個別化」の理念を基盤とし，クライエントの課題は表面的に他者と同様に見えても，その背景や内容は必ず異なるとの視点から，クライエントの状況や意向に合った援助を展開する。

個別援助技術では7段階の援助過程に基づいて行われ，その援助過程を的確に展開することによりクライエントへの適切かつ効果的な援助が実現できる。福祉の専門機関（児童相談所，福祉事務所など）で個別援助を行っている社会福祉の専門職はケースワーカーと呼ばれる。保育の現場では，子どもの個別援助や保護者の相談援助に活用できる援助技術である。⁽⁶⁾

②　集団援助技術（グループワーク）

　集団援助技術とは，個人の課題解決や成長のために支援者が集団を活用する方法である。集団活動を通して発展するメンバー同士の関係は強い影響力を持っており，個別援助技術の支援者とクライエントの関係より，集団活動によるメンバー同士の関係が効果的に個人の課題解決や成長を促す場合は多い。集団援助では，支援者はグループ編成，グループの活動内容，グループ内の集団力動に注意しながら援助を展開する。集団力動は人を傷つける力もあり，メンバー同士の関係がいじめや孤立などに発展しないように的確に介入することも支援者の役割である。

　集団援助に参加するメンバーは，共通の課題や経験をしていることが大切であり，子どもを対象にした集団援助や大人のための集団援助を展開することができる。集団援助では，支援者の助言や指導ではなく，活動を通して発展するメンバー同士の相互作用（お互いに影響し合うこと）が，メンバーの気づき，認められる経験，自己肯定感の向上につながり，メンバーの課題解決や成長が促される。集団援助技術を展開する専門職員はグループワーカーと呼ばれる。保育の現場では，子どもの集団遊び，子育てサークル活動，母親の会や父親の会に集団援助の考え方や技術を応用できる。

２）間接援助技術

　間接援助技術とは，生活課題のある者と直接かかわらないが，間接的にその支援を行う方法である。ソーシャルワークが発展する中，人を支援するためにさまざまな間接的なアプローチや方法も必要であることが理解されるようになった。

①　地域援助技術（コミュニティワーク）

　地域援助技術とは，地域住民が主体的に地域の生活課題や問題を解決できる
ように側面的に地域住民を支援する方法である。具体的には，地域住民の組織
化や計画的な問題解決の展開などが支援内容となる。地域社会が本来持ってい
る問題解決力を支える，または回復することが地域援助技術の目的となる。市
区町村に設置されている社会福祉協議会では，地域援助を専門に展開するコミ
ュニティソーシャルワーカーが配置されている。子ども関連の地域問題として，
保護者の育児不安，子どもの虐待，待機児童の問題などがある。保育の現場で
地域援助技術を展開することは難しいとしても，保育所などが地域の社会資源
として問題解決に向けて他の社会資源（保育所，NPO 法人，ボランティア団体な
ど）と連携・協力することが求められている。

②　社会福祉活動法（ソーシャルアクション）

　社会福祉活動法とは，国または地域住民の生活課題の解決や緩和のため，国，
地方自治体や行政機関に対して法律の改正，制度の改善，サービスの創設など
を訴える活動のことである。生活課題に対して世論を高めることもその目的に
なることが多い。人や家族，特定の集団を支援するため，時には法改正，サー
ビスの創設，世論の高まりなどが必要であり，その場合，当事者のみならず専
門家や地域住民が力を合わせて（組織化して）変革を求めることが必須である。

　具体的な方法として，署名運動，陳情，デモ運動などがある。近年，子ども
や家族を支援するためのソーシャルアクションとして，保育所や学童保育の待
機児童問題，児童虐待問題などの是正や防止のために運動が行われている。保
育者も，子どもの権利を擁護する立場としてソーシャルアクションに参加する
ことも大切である。

③　社会福祉調査法（ソーシャルワーク・リサーチ）

　社会福祉調査法とは，ソーシャルワークをより有効に展開するために，園や
施設の利用者，特定の集団や地域住民などを対象に調査を行う支援方法のこと
である。調査目的はさまざまだが，一般的には利用者などのニーズを把握する
ニーズ調査と，支援の効果を評価するためのアウトカム調査が多い。調査方法

として，多くの利用者などの状況を把握するために有効であるアンケート調査（量的分析）と細かい内容を把握するための面接調査（質的分析）がある。保育の実践では，園庭開放に参加する地域の親子へのニーズ調査や卒園する子どもの保護者を対象にしたアウトカム調査が考えられる。また，児童養護施設を退所する子どもへのアウトカム調査（例えば，自立生活への適応具合）も大切である。保育者は，日々の実践では社会福祉調査法を活用することは難しいが，時折調査を行うことでより効果的な支援を展開することができる。

　他の間接援助技術として，社会福祉計画法（ソーシャル・プランニング）や社会福祉運営管理（ソーシャルワーク・アドミニストレーション）もある。生活課題のある者を支援するために間接援助技術は大切な役割を果たしている。

3）関連援助技術

　関連援助技術とは，ソーシャルワークを展開する中でよく活用される援助技術で，ソーシャルワーク特有の援助技術ではないものを指す。ソーシャルワークはさまざまな関連分野の知識や支援方法を取り入れており，関連援助技術は日々の実践で活用されている。

　①　カウンセリング

　カウンセリングとは，クライエントの心理面に焦点を当て，その社会環境への適応や人間的な成長を支援する援助方法である。[7]クライエントの生活課題の背景には本人の低い自己評価，不安，自責感，歪んだ認知などがあることは珍しくなく，個別援助技術においてはカウンセリング技法を取り入れることも時には必要である。カウンセリングは独自の分野でありながら心理学との結びつきが深く，ソーシャルワークの実践でも活用されている。

　②　スーパービジョン

　スーパービジョンとは，支援者の支援やサービス内容の向上や人間的成長を目的に行われる指導のことである。経験豊かな上司や専門家が行うことが多く，管理的機能，教育的機能，支持的機能がある。スーパービジョンは対人援助職の多くに取り入れられており，ソーシャルワーク特有の支援方法ではない。保育の実践では，対応が難しい子どもが増えている中，スーパービジョンの必要

性が高まっている。

　③　ネットワーキング

　ネットワーキングとは，支援者がクライエントを支えるさまざまな社会関係（家族，友達，地域住民，ボランティアなど）や専門機関（行政や福祉施設など）との関係を築く活動のことを意味する。生活課題のある人の多くはこのような社会資源との関係が希薄になっている。ネットワーキングを通して，クライエントの社会資源との関係を回復したり，新たな社会資源との関係を築くことが活動内容となる。ソーシャルワーク特有の支援方法ではなく，その概念はビジネスの分野でよく活用している。

　ソーシャルワークとは，多分野をまたがる専門分野であるため，関連援助技術が多いことはその特徴の一つである。他の関連援助技術として，ケアマネジメントやコンサルテーションがある。

　ソーシャルワークの直接援助技術，間接援助技術や関連援助技術を通して，生活課題のある人に影響しているさまざまなシステムに働き掛けができる。直接援助技術である個別援助技術や集団援助技術は，主にクライエントとその社会環境のミクロ・レベルのシステムへの働き掛けである。間接援助技術の地域援助技術や社会福祉調査法は，人（家族）のエクソ・レベルのシステム，社会福祉活動法はそのマクロ・レベルのシステムへのアプローチである。生態学的システム論が強調するように人は複数のシステムにより影響され，場合によって人を効果的に支援するため2つ以上のシステムへの働き掛けが必要であり，ソーシャルワークの幅広い援助方法がこれを可能とする。

　ソーシャルワークの分野では，ソーシャルワークの基礎知識を修得し複数の援助技術を実践するジェネリスト・ソーシャルワーカーと，特定の知識や援助技術を専門にするスペシャリスト・ソーシャルワーカーがある。保育者は，ソーシャルワーカーではないが，ジェネリストのように基礎知識と複数の援助技術に対する理解を持つことが大切である。

（2）個別援助技術（ケースワーク）

　個別援助技術はソーシャルワークの基本的援助方法であり，保育の現場においては最も活用されるソーシャルワークの援助方法である。上記にも説明しているように，個別援助技術では支援者とクライエントとの信頼関係を基に，協働してその解決や緩和に取り組む援助活動である。保育の現場は，日々個別援助が展開されている児童相談所や福祉事務所と環境は違うが，保育者は子どもや保護者との関係形成，気になる子どもへの個別援助，保護者からの相談援助にソーシャルワークの個別援助技術を応用することができる。

1）個別援助の基本原則

　個別援助技術では，支援者とクライエントとの信頼関係の形成は援助を展開する中で最も重要な要素である。どうすれば，信頼関係をより効果的に形成できるだろうか。この問に対して長年参考にされてきたのがバイステックの7原則である。

　①　個別化の原則——クライエントを固有の人間として理解する

　現場で出会うクライエント（子どもや保護者）を固有の人間として，その特徴を把握し，理解する。支援者は，クライエントが抱えている問題のみならず，その個性や強み（ストレングス）も把握し，理解する。そうすることにより，クライエントは人間として尊重されていると感じることができる。

　②　意図的な感情表現の原則——クライエントの感情表現を大切にする

　クライエント（子どもや保護者）が感情を自由に表現する必要性を理解する。この感情表現を促進するため，支援者はクライエントの話す内容や感情を傾聴し，必要があれば言葉で感情表現を促す。支援者は，クライエントの感情表現を通してクライエントへの理解を深める。

　③　統制された情緒的関与の原則——支援者による感情の活用

　クライエント（子どもや保護者）の感情に敏感であり，その意味を理解するために努力する。このクライエントの感情に対して，支援者は適切な感情（言語や非言語的な表現）で応答する。支援者は，クライエントとの関係において，客観的かつ統制された感情的関与を行う。支援者の感情的な関わりを通して，ク

ライエントは支援者がクライエントのことを真剣に考えているように感じる。

④　受容の原則——クライエントのあるがままの姿を受け入れる

　クライエントがどのような生活課題を抱えても，その尊厳，基本的な人権やニーズを受け止める。支援者はクライエントの存在そのものを受容することが大切である。受容することは，クライエントの行動，態度や価値観を容認することではない。

⑤　非審判的態度の原則——クライエントを裁くような態度をもたない

　支援者は，クライエントの相談内容や言動を批判，裁くような態度や発言をしない。援助過程では，クライエントは安心して支援者に悩みや過去の出来事を話せる信頼関係が必要である。支援者の非審判的態度や言動はクライエントを安心させ，心を開いて話せる援助関係に発展する。

⑥　自己決定の原則——クライエントの自己決定を尊重する

　支援者は，クライエントの自己決定をする権利を尊重して支援を展開する。特に支援の目標やその方法については，支援者はクライエントとの援助過程においてその自己決定を促し，尊重する。クライエントの多くは，自己評価が低く，無力感に陥っている。自己決定は，クライエントの自己肯定感の回復やエンパワメントにつながる。

⑦　秘密保持の原則——クライエントの個人情報は外部に漏らさない

　クライエントとの援助関係の中で知りえた秘密や個人情報は，他者に漏らさない。これはクライエントの基本的な権利であり，支援者としての義務でもある。他の施設や機関にクライエントの情報を伝える場合，クライエントの了解を得ることが必要である。秘密保持は，支援者とクライエントの信頼関係の基盤となる。

　支援者がクライエントと建設的な援助関係を築くためにはこの7原則を守ることが必要である。保育の現場では，保護者への相談援助の場面だけではなく，日々の子どもや保護者との関わり合いの中で，これらの原則を念頭にすることにより信頼関係が形成される。

図5-5　個別援助技術の援助過程

①　ケースの発見（出会い）

↓

②　受理面接（インテーク）

↓

③　事前評価（アセスメント）

↓

④　援助計画（プランニング）

↓

⑤　援助計画の実施（行動する）

↓

⑥　モニタリング（振り返り）

↓

⑦　終結（クロージャー）

↓

⑧　アフターケア

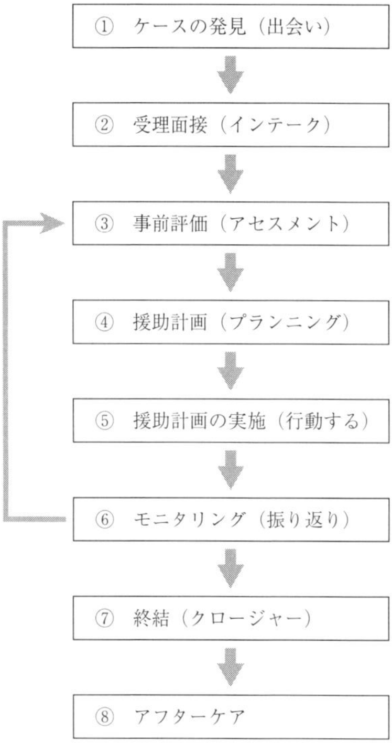

2）個別援助技術の援助過程

　ソーシャルワークの援助過程を図5-5で取り上げたが，個別援助技術の場合，その援助過程には8段階がある。以下は，この個別援助技術の援助過程の説明である。個別援助技術は，家庭訪問や相談室で行われることの多い援助方法であるため，保育の現場での実践には工夫が必要となる。説明の中には保育の現場での工夫についても言及する。

　①　ケースの発見──出会い

　個別援助技術の開始は必ず保護者からの相談から始まるとは限らない。したがって，地域の社会資源（地域住民，民生委員など）の協力やネットワークを通してソーシャルワーカーは支援が必要な子どもや保護者（ケース）を発見することも必要である。保育の現場では，保育者は日々子どもとともに時間を過ごし，保護者との関わりもあり，ケースを発見できる立場にある。保育所の保育士は，アンテナを張って通常保育や地域の子育て支援活動などを通してケースを見逃さないことが大切である。

　②　受理面接──インテーク

　子どもや保護者（クライエント）を面接し，その課題や主訴の基礎的な内容を把握する。多くの場合，保護者との面接となるが，保護者が支援を求めていない，消極的である場合，時間を掛けて信頼関係を築くことが必要となる。ソーシャルワーカーは面接で得た情報を基に，当施設や機関で支援を展開する専門性があるかを判断する。支援が難しいと判断された場合，適切な施設や専

門機関を紹介する。支援ができる判断の場合，次の援助段階に進む。保育の現場では，保護者と面接するための適切な場所や十分な時間の確保は難しい。保育者は保護者のプライバシーを配慮できる場所を決め，他の保育者の協力を得て時間を持って基礎内容を聴き取る。この情報を基に，保育所などで支援を展開できるかを判断する。

③　事前評価——アセスメント

子どもや保護者（クライエント）の課題の原因や関連要素を，できる限り正確に把握する。ソーシャルワーカーは面接などを通して事前評価を行う際，特にクライエント個人の特徴，家庭内の人間関係，クライエントと地域環境・社会環境の3点に注目する。家族関係や地域関係の事前評価のためにジェノグラム(8)やエコマップ(9)を活用することは有効である。ストレングスの視点も活用し，クライエントの長所も把握したい。また，クライエントの満たされていない「人間ニーズ」や必要な「サービス・ニーズ」も理解することも大切である。保育の現場で事前評価を行う際，受理面接よりも具体的な内容となるため，保育者は，より他の保護者などに内容を聞き取られないための配慮が必要となる。また，保護者や保育者の時間的な制約に対応するため，受理面接と日を改めて行う工夫も考えられる。

④　援助計画——プランニング

事前評価で得た情報や理解を基に，子どもや保護者（クライエント）の生活課題をどのように解決（緩和）するのかを，ソーシャルワーカーはクライエントとともに考える。援助計画を立てる際，ソーシャルワーカーはクライエントとともに目標を定め，生活課題をどのような状態に改善したいのかを決める。目標が設定されると，次の4つのポイントを念頭にその目標を実現するための援助内容をクライエントとともに決定する。

ⅰ　その内容はクライエントや援助側にとって具体的で実現可能である。

ⅱ　共に援助内容を決めていく中，クライエントの自己決定を十分に配慮する。無理にクライエントに支援内容を押し付けた場合，その自主性が

阻害され，本人が実践しない可能性が高い。

ⅲ　支援内容はソーシャルワーカー（支援者）が行う内容に限らず，クライエントが自ら行う具体的な行動を決める。クライエントは受動的に支援を受けるのではなく，自ら行動を試みることも大切である。

ⅳ　クライエントを支援するために，必要に応じて地域の「社会資源」（サービスなど）を紹介し，つなげる。ソーシャルワーカーとクライエントが決めた具体的な支援内容は支援計画となる。保育の現場で保育者が保護者とともに援助計画を立てる時，時間を配慮しその内容の確認や共有を書面ではなく口頭で行う工夫も考えられる。この場合，話し合いの後，保育者が書面で記録する。

⑤　援助計画の実施──行動する

　ソーシャルワーカーと子どもや保護者（クライエント）が援助計画を立てていても，その内容が実践されなかったら何も変わらない。ソーシャルワーカーとクライエントが，援助計画で決定した内容を実際に実行することがこの段階である。クライエントがサービスを利用することが支援計画に含まれている場合，ソーシャルワーカーはクライエントの円滑な利用を促進するため，そのサービス機関と連絡・連携することも大切である。

⑥　モニタリング──振り返り

　支援計画の実施が始まると，定期的にソーシャルワーカーは子どもや保護者（クライエント）とその内容を振り返ることが大切となる。特に援助計画が「援助計画通りに実施しているか」「生活課題の解決・緩和につながっているか」を確認，評価することが必要である。クライエントが不安などにより計画通りに行動しない場合（サービスを利用していない，など）も珍しくない。この場合，その気持ちを受容しながら，行動を促すことが大切な支援活動である。

　援助計画が的確に実施されている場合，その結果，クライエントの生活課題が解決・緩和されていることを確かめる。支援活動が効果をもたらしていない場合，ソーシャルワーカーはクライエントと再び事前評価を行い，援助計画を

見直す。モニタリングは大切な援助段階であり，確実に定期的に行うことが必要である。保育所の場合，毎日保護者とのかかわりはあるが，日々モニタリングを行ったり，支援計画に触れることは保護者にとって負担に感じる。時間をおいて（例えば，1週間）からモニタリングを行うことが大切である。

⑦　終結──クロージャー（ターミネーション）

終結とは，援助活動を終了することを意味する。子どもや保護者（クライエント）の目標が達成された時（課題の解決や緩和），クライエントの引っ越しやクライエントが自ら援助関係を修了したい意思などの場合に終結の段階に進む。クライエントの目標達成による終結の場合，ソーシャルワーカーはクライエントとともにその援助活動を振り返り，クライエントの努力や成果を共有する。クライエントの引っ越しの場合，本人の了解を得て転居先のソーシャルワーカーや支援機関を紹介する。終結に至った理由に関係なく，必要があれば再び相談できることを確認する。保育の現場では，個別援助が終結しても日々の保育活動を通して保育者・保護者関係が続くため，保護者のプライバシーを尊重した見守りの姿勢が求められる。

⑧　アフターケア

アフターケアとは，援助が終了した後，ソーシャルワーカーが再び子どもや保護者（元・クライエント）と会い，必要に応じて相談に応じる，支援をすることを意味する。援助が終了すると，その成果が維持・継続されない，新たな生活課題に直面するなど，元・クライエントが再び支援が必要な場合が想定できる。したがって，アフターケアを着実に実践することが大切である。アフターケアにおいて課題となるのは，支援が必要な元・クライエントの把握である。元・クライエントが自らソーシャルワーカーに連絡し，アフターケアを求める場合もあるが，アフターケアを必要としているが自ら申し出ないケースは多い。アフターケアを適切に実践するためには，計画的なフォローアップが必要である。

保育所の場合，元・クライエント（例えば保護者）が毎日保育所を利用しているのであれば，自らアフターケアを申し出ることは比較的に簡単であろう。

また，保護者の負担にならない程度に保育士が様子を伺うことは大切である。児童養護施設の場合，子どもが退所して自立生活を始めると，本人が施設から離れることや困難に陥っていることを明かしたくないという思いから，自らアフターケアを申し出ないことが多い。児童養護施設の場合，退所した子どもに対して，アフターケアとして2カ月に1回程度面会をするなどのフォローアップ計画や体制が必要である。

　保育の現場では，保育者はケアワークを中心に子どもの保育や養育を行っている。しかし，現在の家庭や地域環境の子育て機能の低下にともない支援が必要な子どもや保護者が増えており，必要に応じてソーシャルワークを展開することが求められている。ソーシャルワークは一つの援助方法ではなく，複数の援助方法であるが，保育所での「気になる子ども」への個別支援や保護者の子育て支援においては，個別援助技術（ケースワーク）が活用されることが必要である。また，保育所や学童保育では集団援助技術（グループワーク）を工夫して，子どもが集団活動を通して成長する機会を提供することも大切である。

　児童養護施設や乳児院などの社会的養護の施設では，自立支援や子どもの親子調整が大切な支援内容であり，ここでも個別援助技術（ケースワーク）の支援方法を応用することが必要である。さらに，児童虐待が深刻化する中，保育の現場では児童相談所と協力や連携する場面が多くなることが見込まれるため，ソーシャルワークの全般的な理解も大切である。ケアワークを行う保育の現場では，ソーシャルワークへの理解や必要に応じたソーシャルワークの展開が求められている。

注

(1) 日本ソーシャルワーカー連盟が2019年5月に「ソーシャルワーカーの倫理綱領」（改定案）を取りまとめ，2020年度に承認される見通しである。15年ぶりの改定となるため，改定案のままここで採用している。

(2) Teater, B. "Social Work Theories" *International Encyclopedia of Social & Behavioral Sciences*, Elsevier Science, 2015, p. 2.

(3) 支援を受けている者のことを意味する。特に個別援助技術ではクライエントとの言葉を使うことが多く，支援の対象者を明確に示す。

⑷　社会福祉士養成講座編集委員会編『相談援助の基盤と専門職　第3版』中央法規出版，2015年，131頁。

⑸　水口好久「ソーシャル・インクルーションと人権政策」日本ソーシャル・インクルーション推進会議編『ソーシャル・インクルージョン』中央法規出版，2007年，13頁。

⑹　ソーシャルワークの発展期（1950年代から1960年代）において，ケースワークの有り方について「診断派」と「機能派」は対立した。「診断派」は，クライエントの適切な診断が有効的な支援に欠かせないとし，援助者はクライエントの内面やパーソナリティへの働きかけを重視した。一方，「機能派」は，クライエントの自発性と創造力を強調し，援助者はクライエントの成長を側面から支援し，属している機関の機能をクライエントが自由に活用できるようにした。この「診断派」と「機能派」を統合することに貢献したのがパールマンとアプテカーであった。

　　パールマンは，基本的には「診断派」の立場に立ちながら「機能派」の考え方を積極的に取り入れた。特にクライエントの生活問題は個人的な病理によるものではなく，人間が生きていく過程のなかであたりまえに起きるとの考え方を強調した。援助者はクライエントと信頼関係を築き，属している機関の機能を活用しながらクライエントの問題解決を図る。パールマンは「機能派」の考えを取り入れた援助活動の構成要素「4つのP」（person, problem, place, process）を発表し，問題解決アプローチを提示した。

　　アプテカーは「機能派」の立場からケースワークとカウンセリングと心理療法の違いを明確にした。アプテカーは，この3つの援助方法に重複する側面が多いと認めながら，それぞれの独自性を強調し，ケースワークの特徴としてクライエントの現在の社会生活に焦点をあてること，社会資源（サービス）を有効活用することを挙げた。また，アプテカーは各援助段階における援助者の役割を明らかにすることに努めた。このようにパールマンやアプテカーは，クライエントの内面に焦点を当てたケースワークからの脱却を図り，クライエントの現在の社会生活や社会関係といったより広い視点のあるケースワークを強調し，現在のケースワークの方向性を示した。

⑺　西尾祐吾監修，立花直樹・安田誠人・波田埜英治編『保育実践を深める相談援助・相談支援』晃洋書房，2017年，43頁。

⑻　家族の人間関係（3世代以上）を図で表すものである。個別援助技術の事前評価で，クライエントの家族関係をより理解するための使用される道具である。

⑼　クライエントの家族や周辺の社会資源との関係を表す図のことである。個別援助技術の事前評価で，クライエントの社会資源の状況，活用，欠如などを理解するための使用される道具である。

参考文献

岩元英隆「マズローの欲求５段階説ご存知ですか。」(https://h-iwamoto.at.webry.
　info/201205/article_53.html, 2019年11月20日アクセス)

厚生労働省編『保育所保育指針解説』平成30年３月。

社会福祉士養成講座編集委員会編『相談援助の基盤と専門職 第３版』中央法規出版,
　2015年。

社会福祉士養成講座編集委員会編『相談援助の理論と方法Ⅰ 第３版』中央法規出版,
　2015年。

社会福祉士養成講座編集委員会編『相談援助の理論と方法Ⅱ 第３版』中央法規出版,
　2015年。

田中利則・小野澤昇・大塚良一編者『子どもの生活を支える相談援助』ミネルヴァ書
　房, 2015年。

西尾祐吾監修, 立花直樹・安田誠人・波田埜英治編『保育実践を深める相談援助・相
　談支援』晃洋書房, 2017年。

日本ソーシャルワーカー連盟「ソーシャルワーカーの倫理綱領（改定案）」2019年。

橋本好市・宮田徹編『保育と社会福祉 第３版』みらい, 2019年。

福祉臨床シリーズ編集委員会編『相談援助の基盤と専門職』弘文堂, 2009年。

水口好久「ソーシャル・インクルーションと人権政策」『ソーシャル・インクルーシ
　ョン』中央法規出版, 2007年。

山縣文治・柏女霊峰編『社会福祉用語辞典 第９版』ミネルヴァ書房, 2015年。

Cormac404 "Some thoughts on an ecological perspective of social media research"
　2017.05.18.（https://cormac404.wordpress.com, 2019.11.20.）

Germain, C.B. & Gittermain, A. "Ecological Perspective" *Encyclopedia of Social
　Work 19th Edition*, NASW Press, 1995.

Haefner, J. "An Application of Bowen's Family System's Theory" *Issues in Mental
　Health Nursing*, 2014.

McLeod, S. A. "Maslow's Hierarchy of Needs" 2016（http://www.simplypsychology.
　org/maslow.html, 2019.11.20.）

Schopler, J. H. & Galinsky, M.J. "Group Practice Overview" *Encyclopedia of Social
　Work 19th Edition*, NASW Press, 1995.

Teater, B. "Social Work Theories" *International Encyclopedia of Social & Behavioral
　Sciences*, Elsevier Science, 2015.

"What is Bronfenbrenner's Ecological Systems Theory?" *The Psychology Notes HQ*,
　2019.（https://www.psychologynoteshq.com/, 2019.11.20.）

<table>
<tr><td>第6章</td><td>現代の社会問題と保育・福祉サービス</td></tr>
</table>

1　利用者の保護に関わる仕組み
——虐待予防と利用者・職員の自己実現に向けて——

（1）情報提供と第三者評価

1）問題の概要

　日常生活を営む上で，さまざまな人々や家庭が必要に応じて社会福祉制度を利活用し，自らの抱える生活課題の解決を図ろうとしている。時には専門職からの支援を受けながら地域における生活を継続している。

　例えば，夫婦が共働き，その家庭に子どもが産まれ，子どもを保育所に預けたいという家庭があると仮定する。夫婦から保育所利用について問い合わせ等があった場合，その家庭が生活する自治体は保育所利用に向けた手続きを進めることとなる。その手続きを進める際に，保育所利用の申請のあった家庭に自治体からさまざまな情報を提供する。それは，どのような情報なのか。ある地方自治体では，自治体内の利用できる保育所の一覧表，保育所の所在地および連絡先，保育所の所在地を示した地図，保育料等の費用，地方自治体で行っている他の子育て支援制度の概要とサービス内容の一覧表等といった一式について情報提供をする。

　しかしながら，社会福祉制度やサービスの利用者とそのサービスを提供する提供者（事業者，実践者等）の立場では，社会福祉サービス等に関する情報量について，圧倒的に提供者の抱えている情報量が多いことがいわれている。つまり，利用する側と提供する側では抱える情報量が対等ではない現実があるということである。その状況は「情報の非対称性」といわれており，公園などにあるシーソーにも例えられ，提供者から利用者に情報が適切に提供され，互いに

対等な関係性になることが理想だとされている。

2）問題が起きている理由

なぜ，そういった情報量の差が発生してしまうのか。例えば，保育所を利用する必要が発生してはじめて，保育サービスや子育て支援の制度を知る保護者も多い。保育所という存在を子どもが産まれる以前から知っていたとしても，その利用手続きや具体的な内容について，詳細まで理解している保護者は少ないともいえる。

これまでわが国の福祉サービスを取り巻く状況が少子・高齢化の急速な進展や経済の成熟などの大きな変化をふまえ，福祉の構造を大きく変えようとする改革が行われてきた（例：社会福祉基礎構造改革）。具体的には戦後から続いてきた福祉サービスを提供する際の「措置制度」を「契約制度」へと転換し，サービス利用者が自ら自己選択・自己決定し，利用する制度として改革が行われた。

2000（平成12）年に社会福祉法が成立し，社会福祉サービス利用者の利益の保護とサービスの質の向上が謳われるようになった。しかし，そのためには利用者に必要な情報が提供され自分の利用したい施設を選ぶことのできる仕組み，高齢者や障害のある人など判断能力が十分でない人でも安心して福祉サービスの利用ができるような仕組みが必要となった。現在の成年後見制度や日常生活自立支援事業，第三者評価が必要とされている理由である。また，『社会福祉基礎構造改革について（中間まとめ）』（1998〔平成10〕年6月）では，以下の点が示され，第三者評価について検討が始められた経緯がある。[(1)]

① サービスの提供過程，評価などサービスの内容に関する基準を設ける必要がある。これを踏まえ，施設，設備や人員配置などの外形的な基準については，質の低下を来たさないよう留意しつつ，弾力化を図る必要がある。

ⅱ サービス内容の評価は，サービス提供者が自らの問題点を具体的に把握し，改善を図るための重要な手段となる。こうした評価は，利用者の意見も取り入れた形で客観的に行われることが重要であり，このため，

専門的な第三者評価機関において行われることを推進する必要がある。

3）現在実施されている対策——「第三者評価」

現在，どのような対策が講じられているのか「第三者評価」を例に考えてみよう。

社会福祉法第78条1項には，「社会福祉事業の経営者は，自らその提供する福祉サービスの質の評価を行うことその他の措置を講じることにより，常に福祉サービスを受ける者の立場に立って良質かつ適切な福祉サービスを提供するよう努めなければならない」と示されている。

また第三者評価は，社会福祉事業の経営者が任意で第三者評価を受ける仕組みであるが，社会的養護関係施設については，子どもが施設を選ぶ仕組みではない措置制度等であり，また，施設長による親権代行等の規定があるほか，被虐待児が増加していること等により，施設運営の質の向上が必要となっている。このため，「児童福祉施設の設備及び運営に関する基準」（昭和23年厚生省令第63号）において，社会的養護関係施設については，「自らその行う業務の質の評価を行うとともに，定期的に外部の者による評価を受けて，それらの結果を公表し，常にその改善を図らなければならない」と定め，第三者評価の受審及び自己評価並びにそれらの結果の公表を義務づけている。これらにより，社会的養護関係施設の第三者評価は，子どもの最善の利益の実現のために施設運営の質の向上を図ることを趣旨として実施されるものであるといえる。

それでは第三者評価の具体的内容について学んでいこう。第三者評価の目的については，「利用者のサービス選択やサービス内容の透明性の確保のための情報提供」「サービスの質を向上させるための取り組みの促進」などが挙げられている。つまり，福祉サービスの利用を希望する人がサービスの内容が見える・わかる，サービスを利用した際にどのようなサービスが提供されるのか，そのサービスを利用することによって自分の生活はどのように変化するのか，などの透明性の確保を図るということである。また，サービスを提供する事業

者同士が競い合うことによってサービスがより良いものになっていく，サービスの質の向上の取り組みを促していくということである。

　次に第三者評価を行う「第三者」とは，どのような立場にある人なのだろうか考えてみよう。第三者とは「当事者以外の者。その事柄に直接関係していない人」とされている。児童福祉施設を例にすると，その施設を運営している人，その施設を利用している人ではないということである。第三者となる評価調査者の具体的な要件として，全国社会福祉協議会では下記の３つ（ア・イ・ウ）を満たす必要があると示している。

　　ア　次のａ又はｂに該当する評価調査者をそれぞれ１名以上設置すること
　　　　ａ組織運営管理業務を３年以上経験している者，又はこれと同等の能力を有していると認められる者
　　　　ｂ福祉，医療，保健分野の有資格者又は学識経験者で，当該業務を３年以上経験
　　イ　評価調査者は，都道府県推進組織が行う評価調査者養成研修を受講していること
　　ウ　その他
　　　　ａ評価調査者に対して定期的な研修機会を確保すること
　　　　ｂ一件の第三者評価に２人以上（アの人数を含む）の評価調査者が一貫してあたること。
　第三者評価として実際に行われる児童養護施設における調査項目を以下に示す。

（組織運営とリーダーシップ）
　・理念・基本方針
　・経営状況
　・事業計画
　・養育・支援の質の向上

　・リーダーシップ

　・職員の質の向上

　・地域との連携　等

（適切な養育・支援の実施について）

　・子ども本位の養育・支援

　・子どもの満足度の向上

　・子どもの意見表明に関する環境

　・養育・支援の質の確保　等

　上記の内容等で評価が実施され，その結果が公表されることとなっている。施設はその評価結果を受け，サービスの質の向上，職員の知識および技術の向上，利用者主体のサービス実現に向けて，施設全体で改善に向けて努力を重ねていくこととなる。

4）今後の課題

　サービス利用者に対する情報提供の仕組みやサービスの質等をチェックする第三者評価の仕組みが整備されていく一方で，行政や事業者は常にサービスの質等を意識するべきである。福祉サービスを必要としている人々に正確な情報を発信しているのか，本当に有益な情報が手元に届いているのか，その情報を活用して生活の課題を解決できる一歩を踏み出すことができているのか，サービス利用によって利用者は利益を得ることができているのか，等である。そういった実践，実践の振返り，課題の確認，その課題の改善といった一連の取り組みを常に実施し，行政や事業者自らの評価，第三者評価を継続していく必要がある。それと同時に施設職員等のキャリアアップ等につなげていくために，研修を実施し，新しい知識を常に学び続ける姿勢が必要となっている。

（2）利用者のアドボカシーと苦情解決

1）問題の概要

　社会福祉実践とは，権利擁護の実践であるともいわれる。同様に保育の営み

についても権利擁護の実践の側面があるといえる。

　このテキストを手にしているあなたは，自分自身が「子ども」であった時に「わたし自身には，子どもとして様々な権利がある」と理解した上で，その権利を主張し，要求した経験があるだろうか。また，「保育者」を将来目指すあなたが取り組む（予定の）ボランティア先，実習先の保育所や児童福祉施設で子どもが自らの権利を主張する機会を目にしたことがあるだろうか。これまで児童の権利保障は，世界各国や国連などにおいて，下記のように実施されてきた。

20世紀初頭　スウェーデンの女流思想家 E. ケイ…20世紀を〈児童の世紀〉と主唱。

1909年　　アメリカにおける第１回児童福祉白亜館会議の開催

1922年　　ドイツにおけるワイマール憲法の下での『児童法』の制定

1922年　　イギリスにおける児童救済基金団体による『世界児童憲章草案』の提示

1924年　　国際連盟による『児童の権利に関するジュネーブ宣言』の採択
　　　　　　※ジェネバ宣言と同義，【心身の正常な発達保障】【要保護児童の援助】【危機時の児童最優先の援助】【自活支援・搾取からの保護】【児童の育成目標】の５項目の原則で構成

1947年　　わが国における『児童福祉法』の制定
　　第１条　すべて国民は，児童が心身ともに健やかに生まれ，且つ，育成されるよう努めなければならない。
　　　２　すべて児童は，ひとしくその生活を保障され，愛護されなければならない。
　　第２条　「国及び地方公共団体は，児童の保護者とともに，児童を心身ともに健やかに育成する責任を負う」

1948年　　国際連合による『世界人権宣言』の採択

1951年　　わが国における『児童憲章』の採択…国民の道義的規範
　　　　　　前文　児童は，人として尊ばれる
　　　　　　児童は，社会の一員として重んぜられる
　　　　　　児童は，よい環境のなかで育てられる
　　　　　　※同年５月５日のこどもの日に，内閣総理大臣の召集する児童憲章制定会議において制定されたわが国初の子どもの権利に関する宣言

1959年　　国際連合による『児童の権利宣言』の採択

　　　　　※『ジェネバ宣言』及び国際連合が採択した『世界人権宣言』を踏ま
　　　　　　え採択された前文「児童が幸福な生活を送り，かつ自己と社会の福
　　　　　　利のために，宣言に掲げる権利と自由を享有することができるよう
　　　　　　にするため，これを公布する」

1966年　　国際連合による『国際人権規約』の採択（わが国は1979年に批准）

1974年　　国際連合による『女子差別撤廃条約』の採択（わが国は1985年に批准）

1979年　　国際児童年（International Year of the Child）

1989年　　国際連合による『児童の権利に関する条約』（Convention on the Rights
　　　　　　of the Child）を満場一致でコンセンサス採択（わが国は1994年5
　　　　　　月22日から発効）

1994年　　『国際家族年』（International Year of the Family）

　　　　　※国際家族年は，これまで国連が定めた1970年代ならびに1980年代の
　　　　　　女性，児童，障害者および青年の各問題に関する国際年の実績に立
　　　　　　ち，「家族から始まる小さなデモクラシー」をスローガンとして
　　　　　　「家族は社会の基本単位」であり，「家族にできるかぎり広範な保護
　　　　　　と援助が与えられるべきである」と提示し，【家族】に対する関心
　　　　　　の喚起および支援を図り，かつ，この分野に関する国際協力を推進
　　　　　　することをその主旨として設定された。

　　　　　　「児童の権利に関する条約」日本が批准

1996年　　『ストックホルム会議宣言（児童の商業的性的搾取に反対する世界会議）』

　　　　　※わが国は保護者からの性的虐待ばかりでなく，第三者による性的搾
　　　　　　取・虐待である児童買春や児童ポルノを取り締まる法的規制が国際
　　　　　　的にも遅れ，厳しい批判を浴びた。

2016年　　「児童福祉法」改正（理念の明確化）

　第1条　全て児童は，児童の権利に関する条約の精神にのつとり，適切に養育さ
　　　　　れること，その生活を保障されること，愛され，保護されること，その心身
　　　　　の健やかな成長及び発達並びにその自立が図られることその他の福祉を等し
　　　　　く保障される権利を有する。

　第2条　全て国民は，児童が良好な環境において生まれ，かつ，社会のあらゆる
　　　　　分野において，児童の年齢及び発達の程度に応じて，その意見が尊重され，
　　　　　その最善の利益が優先して考慮され，心身ともに健やかに育成されるよう努
　　　　　めなければならない。

②　児童の保護者は，児童を心身ともに健やかに育成することについて第一
　　義的責任を負う。
　　③　国及び地方公共団体は，児童の保護者とともに，児童を心身ともに健や
　　かに育成する責任を負う。
　第3条　前2条に規定するところは，児童の福祉を保障するための原理であり，
　　この原理は，すべて児童に関する法令の施行にあたつて，常に尊重されなけ
　　ればならない。

　子どもの権利の実現を図る，権利が侵害されている場合には擁護するという
実践がアドボカシーである。具体的にアドボカシーについて考えてみよう。
　アドボカシー（advocacy）とは「弁護，支持，擁護，唱導」という訳語が出
ている。また西尾によれば，あらゆる人の権利を代弁し，擁護するという，広
く，深い目的をもつ普遍的なものである。[6]
　すなわち，「アドボカシー」とはクライエントのために「弁護，支持，主張」
することであるといえる。さらに簡潔に表現するなら，「アドボカシーとはク
ライエントの権利擁護のためにたたかうことである」という。子どもに例える
と，つまり，アドボカシーとは自分自身の権利を侵害されている子ども（当事
者）のために「声を上げる」こと，すなわち「主張（唱導，弁護，支持）する」，
ことであるといえる。
　次に，実際に児童の権利の構造とはどのようなものなのか考えてみよう。

①　「児童の最善の利益（the Best Interest of the Child）」
　エグランティン・ジェブ（1919年にイギリスで組織された児童救済協会——後に
国際組織に発展して国際児童救済連盟となる——の指導者）による児童権利宣言草案
の中の文言が最初と言われている。

　・「児童の権利に関するジュネーブ宣言」
　　前文「……すべての国の男女は，児童に最善のものを与えるべき責を負
　　うことを認識しつつ……」

・「児童の権利宣言」

前文　「……人類は，児童に対し，最善のものを与える義務を負うものであるので，……」

・「児童の権利に関する条約」

第3条「児童に関するすべての措置をとるに当たっては，…児童の最善の利益が主として考慮されるものとする」

このように，子どもの最善の利益を常に保障しうること，考え続けることが権利保障の第一歩であることがわかる。具体的にどのような権利があるか考えてみよう。

② 「受動的権利」

「児童の最善の利益」を図る成人の義務に対応する児童の「保護を受ける権利」とされている。

子どもの生活に照らして，以下のものをふまえ，具体的にどのようなものか考えてみよう。

例：・予防接種を受け，未然に防げる病気などで命を奪われないこと。
　　・子どもが病気やけがをしたら病院などで治療を受けられること。
　　・子どもに必要な量や栄養を考えた食事が受けられること。
　　・子どもが学校などで教育を受けることができること。
　　・子どもが保護者からの虐待や搾取などから守られること。
　　・子どもに障害があった場合，それに応じた支援が受けられること，
　　　等。

「受動的権利」とは必要な保護が受けられる権利，生命，生活，成長が保障される権利であるといえる。

③ 「能動的権利」

「人権としての児童の権利」（成人とほぼ同質の権利）であるとされている。児童の権利に関する条約第12条には「子どもの意見表明権」が示され，子どもが自由に自分の意見を表明する権利を有している，子どもは大人の従属物ではなく，一人の社会的な人間として「主体的」な存在であることが謳われている。以下のものをふまえ，子どもの生活に照らして，具体的にどのようなものか考えてみよう。

例： ・子どもが自由に自分の意見を表明すること。
　　 ・子どもが子ども同士でグループをつくって集会を開くこと。
　　 ・子どもの思想や信教にもとづく，自由な活動を行うこと。
　　 ・子どものプライバシー，通信など，不法に第三者に干渉されないこと，等。

「能動的権利」とは主体性が認められる権利であり，意見表明，集会，思想の自由などが保障される権利であるといえる。

このように，子どもの権利について具体的に示されているものの，家庭等では子どもの権利が脅かされる状況が発生してしまうことがある。なぜ，そのような状況が発生してしまうのか考えてみよう。

２）問題が起きている理由

保護者は日々，子どもの成長を感じ見守りながらも，生活の中で起きるさまざまな問題に一喜一憂しながら保護者自身も成長していく。子育てをとても楽しく思う時もあれば，苦悩しながら過ごす日々もある。常に心の余裕を持って子育てできるわけではない。そのため，虐待，あるいは虐待かどうかのグレーゾーンであるマルトリートメント[8]は，どの家庭でも起こりうるもの，決して特別な家庭の問題ではないという認識を持たなければならない。図6-1はマルトリートメントの概念を表したものである。【A（要保護）】レッドゾーン，【B

（要支援）】イエローゾーン，【C（要観
察）】グレーゾーンに区分されている。
レッドゾーンは子どもの命や安全を確保
するため児童相談所が強制的に介入し，
子どもの保護をするレベル，イエロー
ゾーンは軽度な児童虐待で，問題を重症
化させないために児童相談所などで関係
機関が支援していくレベル，グレーゾー

図6-1　マルトリートメントの概念

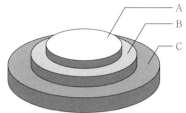

出所：文部科学省「養護教諭のための児
　　　童虐待対応の手引き」2007年。

ンは児童虐待とまではいかないが，保護者の子どもへの不適切な育児について，
地域の関係機関などが連携して啓発や教育を行い支援していく必要があるレベ
ルであると示されている。

　例えば，児童相談所に通告があった虐待相談のうち，主たる虐待者の多くが
実母であるという傾向がみられる。近年では子育てに積極的に関わる父親も増
えているとはいえ，子どもとかかわる時間が長いのはやはり母親であって，母
親が仕事に就いているか否かにかかわらず，家事や育児など家庭生活を維持す
る労力が集中することは決して少なくない。もし父親や親族などの協力が期待
できなければ，閉塞感や孤立感を抱えての子育てにもつながり，保護者にとっ
ても子にとっても健全な家庭生活とはいえない。

　そういった環境の中で，子どもにとって「大人の子どもへの不適切なかかわ
り」とされているマルトリートメントが発生し，保護者自身が知らず知らずの
うちに子どもの権利を侵害してしまう状況が見受けられる。特に図6-1中の
「C」については保護者誰もが該当する可能性があるともされており，子ども
の権利や子育て，子ども観について正しい知識や子どもへのかかわり方を学ぶ
機会をつくることが虐待予防の取り組みにもなっている。

3）現在実施されている対策

　児童養護施設等の措置施設の場合には，権利擁護に慎重な配慮が求められて
いる。施設入所措置となった児童に対して，年齢相応に理解できる説明や「子
どもの権利ノート」の配布を通じて，その児童がこれから生きていくための最

善の利益を図るために必要な措置であることを伝える必要がある。具体的には，虐待の状況下にあった子どもの場合には，子ども自身が意見を表明する，意思を示す行為自体を保護者から抑圧されていた可能性が十分にある。そのため，児童福祉施設内で子ども自身の言葉で，自身の想いを表現するということが正当な「権利」であり，誰しもが持ち得るものであるという理解を進める必要がある。

　では，実際に権利を侵害されている場合にどのように解決が図られていくのか考えてみよう。福祉サービスの利用者保護のため，苦情解決のしくみが導入されている。その目的として，下記の点が挙げられている。[9]

　　① 　福祉サービスに対する利用者の満足度を高める。
　　② 　早急な虐待防止対策を講じ，利用者個人の権利を擁護する。
　　③ 　利用者が福祉サービスを適切に利用することができるよう支援する。
　　④ 　情報を密室化せず，社会性や客観性を確保し，一定のルールに沿った方法で解決を進めること等により，円滑・円満な解決の促進や事業者の信頼や適性性の確保を図る。

① 　運営適正化委員会
　では，実際に苦情解決を進めるしくみをみてみよう。福祉サービス利用者の苦情解決のために，都道府県社会福祉協議会には，「運営適正化委員会」が設置されている。運営適正化委員会は社会福祉法第83条に規定されており，その設置目的は福祉サービス事業の適正な運営を確保し，利用者の利益を保護するために利用者からの苦情を適切に解決することとされている。主に利用者と事業者の間では解決困難な事例への対応を図るために，運営適正化委員会において相談，助言，調査又はあっせんを行うこととされている。苦情の申出は，福祉サービスの利用者や家族等から，主に電話や来所といった方法により行われ，運営適正化委員会においては，その相談に応じ，必要な助言をし，また，必要によっては苦情に係る事情を調査する等の対応を図ることとされている。利用

者等と事業者の両当事者の同意を得て，苦情解決のあっせんを行うこともできるとされている。

　②　児童福祉施設における苦情解決

　児童福祉施設ではどのような苦情解決の取り組みがなされているのだろうか。

　例えば，神奈川県では1998（平成11）年より「かながわ子ども人権相談室」を開始し，子どもの権利擁護を行う第三者機関の設置が行われている。この特色として，「子ども人権ホットライン」という通告や苦情相談を受け付ける窓口をもち，必要に応じて調査を行う委員会を設置している。(10)

　「児童福祉施設の設備及び運営に関する基準」においても，苦情への対応としてその第14条第3項で「児童福祉施設は，その行つた援助に関する入所している者又はその保護者等からの苦情に迅速かつ適切に対応するために，苦情を受け付けるための窓口を設置する等の必要な措置を講じなければならない」として，苦情解決の仕組みを構築し，適正に運用することが義務づけられた。苦情の受付・解決のシステムは施設によってさまざまであるが，施設経営にかかわる立場にある施設長や理事長を「苦情解決責任者」と定め，職員の中から「苦情受付担当者」を選出し，受け付けた苦情はすべて苦情解決責任者と「第三者委員会」へ伝達される仕組みとなっている。苦情解決に向けた話し合いでは，苦情解決責任者と苦情申立人との話し合いが行われるが，必要に応じて第三者からの助言や第三者委員会の立ち会いによる話し合いがもたれることもある。それでも解決が困難な場合には，都道府県社会福祉協議会に設置される「運営適正化委員会」に苦情申立てを行うことができる。(11)また，N.ベイトマンはアドボカシーを実践する上での6つの原則を挙げている。(12)

　　ⅰ　常にクライエントの最善の利益に向けて行動すべきである。

　　ⅱ　クライエントの自己決定を徹底的に尊重することである。

　　ⅲ　クライエントに対して逐一正確な情報を提供することである。

　　ⅳ　努力と有能をもってクライエントの指示を実行することである。

　　ⅴ　クライエントに対して，率直で主体的な助言を行うことである。

ⓥⓘ　クライエントの秘密を厳守しなければならない。

　上記の原則はソーシャルワークの倫理と通じるものがあり，ソーシャルワークの知識や技術を活用することが現在求められている保育士にとって，保育実践を行う上で基本的な原則となっているといえる。

4）今後の課題

　保育者は子どもの「権利」とはどのようなものなのかを理解した上で，「誰」が子どもの権利を奪うのか，子どもの権利を「保障」するためには何が必要か，誰が守るのかを常に考えていく必要がある。

　また，子どもの本当の「声」を聴く，そして子どもが本当の「声」を発することのできる環境づくりを保護者，児童福祉施設職員すべてが考え続け実践を積み重ねていくことが重要である。そのためには，児童福祉施設内における職員体制や日常の業務や子どものケアに対する指導および助言の体制の充実を図ることが求められている。

2　子どもの貧困と保育

（1）日本に貧困は存在するのか

1）貧困とは何か

　近年，"貧困"という用語がクローズアップされる機会が増えた。貧困と聞くと，どのようなイメージを持つだろうか。駅や河川等でみかけるホームレスのような状態であろうか。テレビなどのメディアで映し出された開発途上国での飢餓に苦しむ人の姿であろうか。あるいは漠然と貧しく困っている人や収入がない状態であろうか。貧困といっても，そのイメージはさまざまであろう。

　一方，日本は経済的に豊かな国であり，日本に貧困はないという見方や，貧困は限られたごく一部の人の問題であるという見方もある。貧困は，伝染病や飢餓がはびこる開発途上国に限られている出来事であるため，豊かで，かつ安全な日本には存在しないという認識を持っている人も少なくない。しかし，実

138

際は日本でも貧困は存在しており，大きな社会的問題となっている。

　一般的に，個人や家族が生活を営むために必要な資源を欠く状態を貧困とい
う。では，日本における"貧困"とはどのような状況であり，どの程度の生活
を貧困と捉える必要があるのだろうか。例えば，貧困を家や食べるものがなく，
ぎりぎり生存できるような極限の状態，いわゆる生存ラインの貧困という見方
がある。このような生存ラインの貧困のことを，絶対的貧困という。絶対的貧
困は，国や地域での生活を超えた絶対的・普遍的なものとして捉えられる。こ
の絶対的貧困の生活水準について，世界銀行は2015年10月以降，国際貧困ライ
ンを1日1.9ドルと設定している。つまり，1日1.9ドル，日本円にして1日約
200円程度で生活する状態を絶対的貧困として捉えている。このような絶対的
貧困は，貧困として捉えやすく，多くの人が持つ貧困のイメージであろう。生
存ラインの貧困を貧困として捉えるのであれば，日本の貧困はごく一部とみる
ことができる。

　一方，生活に苦慮するような，生活課題を含めて相対的に貧しい状態，いわ
ゆる相対的な貧困という見方がある。例えば，老齢基礎年金のみで生活をして
いる高齢者や，収入が少なく給食費や保育料などが滞納しがちなひとり親家庭，
親の収入が少なく家計が苦しいためにアルバイトをして家にお金を入れている
高校生，他の同級生が習い事に通っている中，家計の問題で習い事に行きたく
てもいけない子どもなどが挙げられる。このように，一般的な家庭と比較した
際に，その生活水準が相対的にみて貧しい状態を，相対的貧困という。相対的
貧困は，国や地域の標準的な生活と比較して，許容できない程度の生活状態を
指す。日本では，生存が困難な状態である絶対的貧困の割合は低いものの，日
本の文化的水準や生活水準と比較して，相対的に貧しい状態である相対的貧困
の割合は，実は低くはない。

　日本は，相対的貧困率という指標を用いて貧困者を算定している。この相対
的貧困率は，近年注目されている貧困の指標である。相対的貧困率とは，貧困
線に満たない世帯員の割合[13]をいう。貧困線とは，可処分所得（いわゆる社会保険
等を引いた手取り額）のデータの中央値であり，人口に対して貧困線に満たない

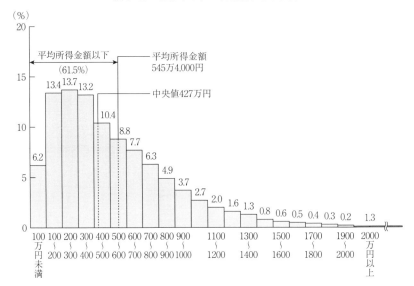

図6-2　世帯あたりの年間所得（2015年）

注：熊本県を除いたものである。
出所：厚生労働省「平成28年国民生活基礎調査結果」『平成28年　国民生活基礎調査の概況』2016年。

人の割合が相対的貧困率（一般的には貧困率と呼ばれている）として取り扱われ
ている。

　実際には，貧困を構成する要素に所得と資産があるため，貧困を捉えるため
には所得と資産の両方に注目しなければならない。しかし，両方（特に資産）
を正確に把握することは実際には難しい。そこで，把握しにくい資産を抜いた
所得のみに注目して，一定の所得以下を貧困と定義することが一般的になって
いる。

2）貧困の現状

　日本における貧困の現状を知る前に，まずは1世帯当たりの平均所得をみて
みよう。1世帯当たりの平均年間所得は545.4万円となっている（図6-2）。所
得金額階級別に相対度数分布をみると，200〜300万円未満が13.7％と最もその
割合が高い。次いで，100〜200万円未満が13.4％，300〜400万円未満が13.2％
であり，100万円以上400万円未満の合計割合は4割以上になっている。平均年

表6-1　貧困率等の年次推移

		1985年	1988年	1991年	1994年	1997年	2000年	2003年	2006年	2009年	2012年	2015年
		（単位：％）										
相対的貧困率		12.0	13.2	13.5	13.8	14.6	15.3	14.9	15.7	16.0	16.1	15.7
子どもの貧困率		10.9	12.9	12.8	12.2	13.4	14.4	13.7	14.2	15.7	16.3	13.9
子どもがいる現役世帯		10.3	11.9	11.6	11.3	12.2	13.0	12.5	12.2	14.6	15.1	12.9
	大人が一人	54.5	51.4	50.1	53.5	63.1	58.2	58.7	54.3	50.8	54.6	50.8
	大人が二人以上	9.6	11.1	10.7	10.2	10.8	11.5	10.5	10.2	12.7	12.4	10.7
		（単位：万円）										
中央値（a）		216	227	270	289	297	274	260	254	250	244	244
貧困線（a/2）		108	114	135	144	149	137	130	127	125	122	122

注：(1)　平成6年の数値は，兵庫県を除いたものである。
　　(2)　平成27年の数値は，熊本県を除いたものである。
　　(3)　貧困率は，OECDの作成基準に基づいて算出している。
　　(4)　大人とは18歳以上の者，子どもとは17歳以下の者をいい，現役世帯とは世帯主が18歳以上65歳
　　　　未満の世帯をいう。
　　(5)　等価可処分所得金額不詳の世帯員は除く。
出所：厚生労働省「平成28年　国民生活基礎調査の概況」『平成28年　国民生活基礎調査の概況』2016年
　　　を参考に筆者作成。

間所得金額以下の割合は61.5％であり，平均年間所得金額以下の生活をしてい
る人の割合は6割以上であることがわかる。では，なぜ平均以下の割合が6割
以上になってしまうのか。これは，平均値の計算方法が関係している。平均値
とは，データの合計値をデータ数で割った値であることから，所得の高低の割
合によって全体の平均値が大きく変動してしまうのである。そのため，平均値
では貧困に関する現実的な議論をすることができない。よって，貧困率は平均
値ではなく中央値（所得を低いものから高いものへと順に並べた真ん中の値）が使わ
れている。図6-2をみると，所得の中央値は427万円となっており，平均値よ
りも中央値の方が低いことがわかる。つまり，日本における1世帯当たりの所
得は所得の高い人に引き上げられており，実際には平均よりも少ない所得で生
活をしている人が多く存在しているのである。

　次に，日本の貧困率等の年次推移をまとめたものが表6-1である。日本の
相対的貧困率は，徐々に上昇しており，2012（平成24）年は過去最大の16.1％
となった。2015（平成27）年は15.7％となり若干減少したものの，2012（平成
24）年と変わらず6人に1人が貧困という深刻な状態が続いている。

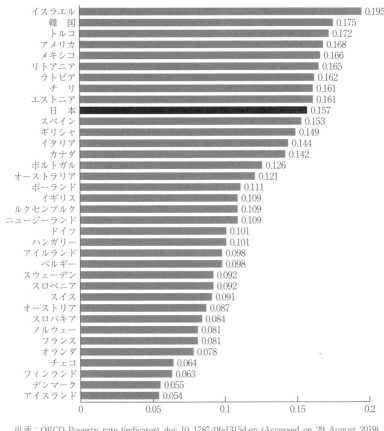

図6-3　相対的貧困率の国際比較（2014-2016年）[14]

イスラエル	0.195
韓　国	0.175
トルコ	0.172
アメリカ	0.168
メキシコ	0.166
リトアニア	0.165
ラトビア	0.162
チ　リ	0.161
エストニア	0.161
日　本	0.157
スペイン	0.153
ギリシャ	0.149
イタリア	0.144
カナダ	0.142
ポルトガル	0.126
オーストラリア	0.121
ポーランド	0.111
イギリス	0.109
ルクセンブルク	0.109
ニュージーランド	0.109
ドイツ	0.101
ハンガリー	0.101
アイルランド	0.098
ベルギー	0.098
スウェーデン	0.092
スロベニア	0.092
スイス	0.091
オーストリア	0.087
スロバキア	0.084
ノルウェー	0.081
フランス	0.081
オランダ	0.078
チェコ	0.064
フィンランド	0.063
デンマーク	0.055
アイスランド	0.054

出所：OECD Poverty rate (indicator). doi: 10.1787/0fe1315d-en (Accessed on 29 August 2019). 2019. を参考に筆者作成。

　では，この6人に1人がどの程度の貧困生活を強いられているかというと，2015（平成27）年の可処分所得の中央値は244万円となっている（表6-1）。貧困線は中央値の半分であることから，2015（平成27）年の貧困線は122万円となる。つまり，日本では122万円以下の生活，月額で換算すると毎月約10万円程度のお金で暮らすということになる。このように，貧困線以下の生活をする人は6人に1人，人口の約2,000万人が貧困生活を強いられているということであり，日本は重大な貧困問題を抱えていることがうかがえる。ただし，実際に

は収入以外に資産や住居，病気や障害の有無などの要素を考慮する必要があるため，さらに厳しい生活を送っている人もいると考えられている。

　貧困の現状は，特にひとり親において顕著に表れている（表6-1）。子どもがいる現役世帯のうち，2015（平成27）年の全体の相対的貧困率は12.9％である。このうち，大人が2人以上の場合は10.7％であるが，大人が1人である場合は50.8％となっている。つまり，ひとり親家庭の半数以上，2人に1人以上が貧困状態にあるということである。実際に，所得でみると，児童のいる世帯の1世帯あたりの平均所得について，「夫婦と未婚の子のみの世帯」は746.3万円，「ひとり親と未婚の子のみの世帯」は317.3万円と大きく下回っている。特に，平均年間収入のうち母子世帯は243万円，父子世帯は420万円であり，母子世帯が苦しい生活状況にあることがわかっている。

　では，実際にはどの程度の生活になるだろうか。例えば，親1人，子ども2人の3人世帯の貧困ラインを考えてみよう。3人世帯の場合，貧困ラインは122万円×$\sqrt{3}$（1.7）であるため，年間約207万円，月額約17万円以下の生活をする場合は，相対的貧困ということになる。この月額約17万円と聞くと，生活できる額であるように感じる人もいるかもしれない。では，月額17万円で家賃や水道光熱費，食費，雑費等の必要経費を払うと，どの程度の金額が残るだろうか。あくまでも日本の貧困は相対的なものである。最低限の衣食住は賄えるかもしれないが，子どもの教育や将来への投資という面では十分とはいえず，結果的に子どもの将来の選択肢を狭めてしまう可能性がある。実際に，全世帯の進学率は，高校等は99.0％，大学等は73.0％に対して，ひとり親家庭の進学率は，高校等は96.3％，大学等は58.5％と大きく下回り，経済状況だけではなく子どもの進路など生活にも影響することがわかっている。このような家庭の経済状況等によって，子どもの将来の夢や進路が断たれることがないよう，親の就労や子どもの教育，生活など，多岐にわたる支援が求められている。

　このような日本の貧困問題は国際的にみても深刻な状況にある。日本の相対的貧困率の高さは，以前はOECD加盟国の中でワースト5を前後しており，2015（平成27）年は若干改善したものの，依然として下位グループに属してい

る（図6-3）。このような貧困のリスクに備え，救済する社会保障政策はあまり効果を挙げられていない状況となっている。

（2）子どもの貧困の現状と対策

1）日本における子どもの貧困の現状

　日本の貧困の現状は，子どもたちの生活にも多大な影響を及ぼしており，近年は子どもの貧困として，メディアに取り上げられる機会が増えた。子どもの貧困とは，相対的貧困状態にある17歳以下の子どもをいう。子どもの貧困率は1985（昭和60）年以降，上昇傾向にあり，2012（平成24）年には16.3％と過去最も高い割合となった（表6-1）。子どもの貧困率が16.3％，つまり6人に1人の子どもが貧困であるという結果は，メディアを通じて社会に大きな衝撃を与えた。2015（平成27）年は13.9％と減少したものの，それでも7人に1人の子どもが貧困であるという結果は，大きな社会的問題となっている。

　日本における子どもの貧困は，国際的にみても深刻な状態にある。OECDによると，2015（平成27）年における日本の子どもの相対的貧困率は，OECD加盟国36カ国中15番目に高い。2012（平成24）年よりも若干改善したものの，OECDの平均を上回る状況となっている（図6-4）。このような子どもの貧困を放置した場合，社会的に大きな損失が出ることがわかっている。日本財団によれば，子どもの貧困を放置した場合，生涯所得が2.9兆円，税・社会保障の負担は1.1兆円の社会的損失が発生すると推定されている[18]。これは1学年分の推計であり，0～15歳のすべての子どもを対象とした場合，42.9兆円の所得減少，15.9兆円の財政収入の減少にものぼるという[19]。つまり，国家予算の約半分の社会的損失が推定されているということであるため，子どもの貧困対策は急務となっている。特に，子どもがいる現役世帯のうち，大人が1人の世帯の相対的貧困率はOECD加盟国中最も高い値であるなど[20]，大人1人で子どもを養育している家庭が特に経済的に困窮している実態がうかがえる。そのため，ひとり親家庭への多様な支援が求められている。

　保育所や認定こども園は，保護者の就労や疾病・障害，出産など，保育を必

図6-4 子どもの相対的貧困率の国際比較（2014-2016年）[14]

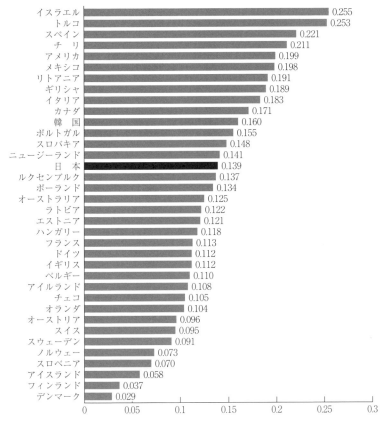

出所：図6-3と同じ。

要とする事由がある場合に認定を受けて利用できる。特に，ひとり世帯や生活保護世帯などが優先利用できるケースは少なくない。つまり，保育所等に勤めた場合，貧困世帯，あるいは生活保護世帯の子どもたちと出会う可能性がある。そのため，生活保護世帯や，住民税非課税世帯のような限りなく貧困生活に近い世帯，ひとり親世帯の子どもに対する配慮が求められる。

2）子どもの貧困対策

何らかの原因により，働けなくなったり，収入が途絶えてしまった場合，貧

困に陥る可能性がある。そのような場合に生活を支えるセーフティネットとして，日本では大きく分けて３つの段階の制度が存在する。第１段階は貧困を予防していく社会保険制度，第２段階は最低限度の生活を維持できなくなる恐れのある者への自立の促進を図る生活困窮者自立支援制度，そして第３段階は生活困窮者を救貧するとともに自立支援を図る生活保護制度が設けられている。

　生活保護制度は，「生活に困窮する全ての国民に対して，困窮の程度に応じて必要な保護を行い，最低生活を保障するとともに，自立を助長する」ことを目的としている（生活保護法第１条）。この目的は，国家責任，無差別平等，最低生活保障，保護の補足性の４つの原理と，申請保護，基準及び程度，必要即応，世帯単位の４つの原則により支えられている。そして，生活扶助，教育扶助，住宅扶助，医療扶助，介護扶助，出産扶助，生業扶助，葬祭扶助という８つの扶助により，最低生活を充足するよう現金あるいは現物支給がなされるなど，貧困状態に陥った際の最後のセーフティネットの役割を担っている。

　一方，働く意思はあるものの働けないために，生活保護受給に至りそうな者などが再び働ける環境を整えるために支援を行い，自立を促す制度として，2015（平成27）年度に生活困窮者自立支援制度が施行された。生活困窮者自立支援制度は，就労や心身の状況などにより現に経済的に困窮し，最低限度の生活を維持することができなくなるおそれのある者などの「生活困窮者に対する自立の支援に関する措置を講ずることにより，生活困窮者の自立の促進を図る」ことを目的としている（生活困窮者自立支援法第１条）。このような生活困窮者に対する自立支援は，生活困窮者の尊厳の保持を図りつつ，生活困窮者の就労や心身，地域社会からの孤立などの状況に応じて，関係機関や民間団体との緊密な連携を図りながら包括的かつ早期に実施することが望まれている。

　以上のようなセーフティネットとしての各種制度のうち，子どもを支援するための制度について，生活保護制度であれば義務教育を受けるために必要な学用品費を現金給付する教育扶助，生活困窮者自立支援制度であれば，生活困窮世帯の子どもを対象に学習支援や子どもの生活習慣・育成環境の改善に関する助言等を行う子どもの学習・生活支援事業などが存在するが十分ではない。

　そのため，子どもの将来がその生まれ育った環境によって左右されることのないよう，貧困の状況にある子どもが健やかに育成される環境を整備するとともに，教育の機会均等を図るために，2013（平成25）年6月に「子どもの貧困対策の推進に関する法律」（以下，子どもの貧困対策法）を制定，2014（平成26）年1月に施行された。子どもの貧困対策法では，国や地方公共団体，国民が子どもの貧困対策に対する責務を定めている。また，子どもの貧困対策に関する基本的な方針や，子どもの貧困に関する指標などを定めた子どもの貧困対策に関する大綱の策定，都道府県は子どもの貧困対策に関する大綱を勘案して子どもの貧困対策についての計画を定めるよう努めるなど，子どもの貧困対策を総合的に推進することとしている。その具体的な支援として，次の4つの柱が定められている。

　① 教育の支援

　子どもの貧困対策法第10条では，「国及び地方公共団体は，教育の機会均等が図られるよう，就学の援助，学資の援助，学習の支援その他の貧困の状況にある子どもの教育に関する支援のために必要な施策を講ずる」としている。教育の支援は，文部科学省と厚生労働省が対策を示している。

　文部科学省は，家庭の経済状況に左右されず，学ぶ意欲と能力のあるすべての子どもが質の高い教育を受けられるよう，幼児期から高等教育段階まで切れ目のない形で教育費負担軽減に取り組んでいる。例えば，幼稚園の入園料や教育料を軽減する就園奨励事業の実施や，経済的理由により小学校・中学校への就学が困難と認められる場合には，各市町村による学用品給与などの就学援助がある。高校生等には，高等学校等の授業料に充てられる高等学校等就学支援金を用意している。高等教育段階には，経済的理由により修学を断念しなければならない状況にならないよう，日本学生支援機構による大学等奨学金事業の充実や，各大学が実施する授業料減免への支援を行っている。

　また，すべての子どもが利用する学校を貧困を断ち切るためのプラットフォームとして位置づけ，家庭環境に左右されずに子どもの学力が保障されるよう教職員の指導体制を充実したり，学校にスクールソーシャルワーカーの配置

の拡充や貧困・虐待対策の重点加配等に取り組んでいる。

　厚生労働省は，生活困窮者自立支援法により，生活困窮家庭の子どもに対する学習支援事業や，貧困の連鎖防止のための取り組みを強化している。2019（平成31）年４月からは，子どもの学習・生活支援事業として，生活習慣・育成環境の改善に関する助言，教育や就労（進路選択等）の相談に対する情報提供，助言，関係機関との連絡調整を加えるなどの取り組みがなされている。

　②　生活の支援

　子どもの貧困対策法第11条では，「国及び地方公共団体は，貧困の状況にある子ども及びその保護者に対する生活に関する相談，貧困の状況にある子どもに対する社会との交流の機会の提供その他の貧困の状況にある子どもの生活に関する支援のために必要な施策を講ずる」としている。生活の支援は，厚生労働省が対策を示している。

　2016（平成28）年度より，支援を必要とするひとり親が行政の相談窓口に確実につながるよう，子育て・生活に関する内容から就業に関する内容まで，ワンストップで寄り添い型支援を行うことができる体制を整備し，必要に応じて他機関につなげるなど，総合的・包括的な支援を行う体制を整えている。また，母子及び父子並びに寡婦福祉法では，ひとり親家庭等の実情に応じた自立支援策を総合的に展開している。さらに，放課後児童クラブ等の終了後，ひとり親家庭の子どもが生活習慣の習得や学習支援，食事の提供等を受けることが可能な居場所づくりや，ひとり親家庭等の自立を促進するために子どもの修学に必要な資金の貸付けを行う母子父子寡婦福祉資金貸付金などの経済的支援を行っている。

　③　保護者に対する就労の支援

　子どもの貧困対策法第12条では，「国及び地方公共団体は，貧困の状況にある子どもの保護者に対する職業訓練の実施及び就職のあっせんその他の貧困の状況にある子どもの保護者の自立を図るための就労の支援に関し必要な施策を講ずる」としている。この保護者に対する就労の支援は，厚生労働省が対策を示している。

2018（平成30）年度より，高等職業訓練促進給付金の支給を受けて准看護師養成機関を卒業した者が，引き続き看護師の資格を取得するために養成機関で修学する場合に通算3年分の給付金を受給できるようにしている。

④　経済的支援

子どもの貧困対策法第13条では，「国及び地方公共団体は，各種の手当等の支給，貸付金の貸付けその他の貧困の状況にある子どもに対する経済的支援のために必要な施策を講ずる」としている。経済的支援は，厚生労働省が対策を示している。

児童扶養手当について，2018（平成30）年8月支給分より全額支給となる所得制限限度額を30万円引き上げたり，所得額から公共用地の取得に伴う土地代金等を控除する見直しを行っている。また，ひとり親家庭を対象に保育料の軽減や，高等職業訓練促進給付金等の支給額の算定等における寡婦控除あるいは寡夫控除のみなし適用を実施できるよう改正している。

以上のような支援の他，特に経済的に厳しい状況にあるひとり親家庭や多子世帯への支援が重点的に実施されている。ひとり親家庭や多子世帯の自立のために，①支援が必要な人に対して，行政のサービスを十分に届ける，②一人ひとりに寄り添った伴走型の支援を行う，③一人で過ごす時間が多い子どもたちに対して学習支援も含めた温かい支援を行う，④安定した就労を実現する，などの方針が挙げられている。厚生労働省は，2015（平成27）年に「ひとり親家庭・多子世帯等自立応援プロジェクト」を策定し，就業の自立支援や子育て・生活支援，学習支援などの総合的な支援を実施している。それ以外にも，合計所得金額が135万円以下のひとり親に対して個人住民税を非課税とする措置や，幼児教育の無償化の加速，所得の低い家庭の子どもたちなどに高等教育の無償化の実現，年収590万円未満世帯を対象とした私立高等学校授業料の実質無償化の実現などに取り組むなど，本当に支援が必要な家庭に対する取り組みが進められている。

（3）貧困問題に対する保育者の役割

　保育者は，子どもの貧困を目の当たりにすることが時々見受けられる。例えば，子どもや保護者について，次のような様子がみられたとしよう。

　　・毎日同じ服を着ており，洗濯がされている感じではない。
　　・髪の毛や身体にべたつきや汚れがあり，それが何日も続いている。
　　・家ではご飯を食べていないと言い，給食を適量以上に食べる。
　　・保育料などの納入が滞っていたり，園行事への不参加が続いている。
　　・風邪や虫歯などの際，医療機関にかかっている様子がない。

　このような子どもや家庭に異変がみられた場合，どのように対応すればよいのだろうか。全国保育士会は，保育者が児童福祉に携わる者として，子どもの貧困問題に対してどのような対応や支援ができるのかを示している（図6-5）。まず，子どもの服装や園への納入金の支払いなど，子どもや保護者の様子から気づきがあり，子どもの様子の観察や送迎時に保護者に尋ねることで状況把握をしていく。それらの情報をクラス担当保育者間やきょうだいがいる場合はクラス担当保育者間，園長や主任保育士など園内で共有し，園としてどのような支援ができるのか対応検討を行う。そして，状況に応じて児童相談所や福祉事務所などの専門的な相談窓口を情報提供したり，他の関係機関・団体に繋ぎつつ，連携先の機関・団体と情報共有しながら子どもや家庭を支援していくことが求められる。

　園の対応として，子どもへの衣服の貸与や給食への配慮，保護者に対する情報提供や相談支援などが考えられる。その際，子どもや保護者の生活や自尊心などに配慮するだけではなく，子ども同士や他の保護者にも配慮するとともに，保育者間で適切に情報の共有・管理を行うことが大切である。なにより，保護者が悩みを打ち明けられるように，日頃からコミュニケーションをとり，信頼関係を構築しておくことが大切である。

図6-5　保育所や認定こども園における対応の流れ

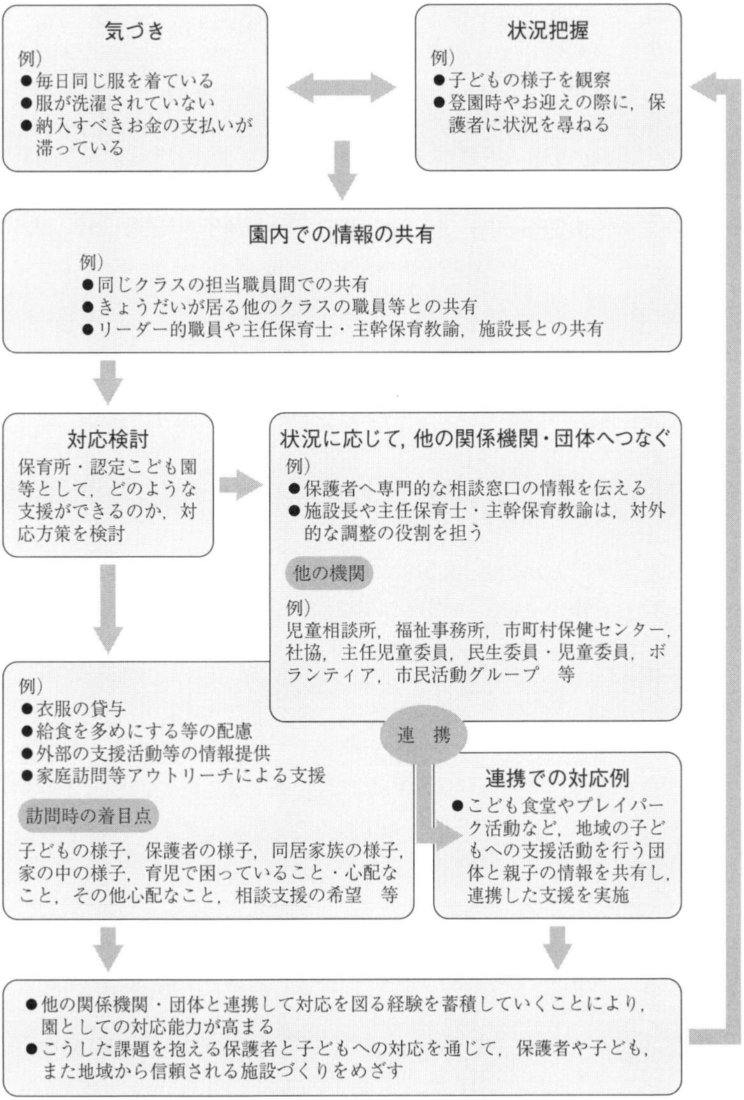

気づき
例）
- 毎日同じ服を着ている
- 服が洗濯されていない
- 納入すべきお金の支払いが滞っている

状況把握
例）
- 子どもの様子を観察
- 登園時やお迎えの際に，保護者に状況を尋ねる

園内での情報の共有
例）
- 同じクラスの担当職員間での共有
- きょうだいが居る他のクラスの職員等との共有
- リーダー的職員や主任保育士・主幹保育教諭，施設長との共有

対応検討
保育所・認定こども園等として，どのような支援ができるのか，対応方策を検討

状況に応じて，他の関係機関・団体へつなぐ
例）
- 保護者へ専門的な相談窓口の情報を伝える
- 施設長や主任保育士・主幹保育教諭は，対外的な調整の役割を担う

他の機関

例）
児童相談所，福祉事務所，市町村保健センター，社協，主任児童委員，民生委員・児童委員，ボランティア，市民活動グループ　等

例）
- 衣服の貸与
- 給食を多めにする等の配慮
- 外部の支援活動等の情報提供
- 家庭訪問等アウトリーチによる支援

訪問時の着目点

子どもの様子，保護者の様子，同居家族の様子，家の中の様子，育児で困っていること・心配なこと，その他心配なこと，相談支援の希望　等

連携

連携での対応例
- こども食堂やプレイパーク活動など，地域の子どもへの支援活動を行う団体と親子の情報を共有し，連携した支援を実施

- 他の関係機関・団体と連携して対応を図る経験を蓄積していくことにより，園としての対応能力が高まる
- こうした課題を抱える保護者と子どもへの対応を通じて，保護者や子ども，また地域から信頼される施設づくりをめざす

出所：全国保育士会『保育士・保育教諭として，子どもの貧困問題を考える──質の高い保育実践のために』全国社会福祉協議会全国保育士会，2017年。

3　終末期ケアと子どもの関わり

（1）死への存在

　私たちは，誰もが生まれた瞬間から死ぬことを運命づけられている。私たちはすべて「死への存在」なのである。それゆえ，死はすべての人にとって避けられないものとなりうる。

　かつてフランスの哲学者 B. パスカルは，「人はひとりで死ぬであろう[21]」と述べているが，人が一人きりで死ぬのは人間的であるとは言えない。人は単独で存在しているわけではなく，人と人との間を有する人間として，社会において人々との関わりの中で存在しているからである。死は「死にゆく人」と「看取る人」との関わりの中で把握され，医療や福祉をはじめとするさまざまな関係者や制度によって支えられているのである。

1）終末期の意味

　終末期とは terminal の訳語であり，一般的には「終末期医療」や「終末期ケア」などとして用いられる。終末期の定義としては，「医学的に治る見込みがないと診断され，数か月以内に死亡すると予測される[22]」状態，または「現代医療において可能な集学的治療の効果が期待できず，積極的治療がむしろ不適切と考えられる状態で，生命予後が 6 カ月以内と考えられる段階[23]」などが知られている。簡潔にまとめると，終末期とは，「治癒が見込めず，半年以内に死が訪れる状態」と言うことができるであろう。

　2015（平成27）年から厚生労働省は，「終末期」という語を「人生の最終段階」という語に変更した。これは医学的観点だけでなく，人間学的観点，すなわち「最期まで尊厳を尊重した人間の生き方」を重視したためである。なお，人生の最終段階とは，end of life の訳語である。

2）死の現状──死因・死に場所・平均寿命・健康寿命

　1951（昭和26）年当時，日本人の 8 割（82.5％）が親しい人たちに看取られながら自宅で死を迎えており，医療施設での死は 1 割（病院9.1％，診療所2.6％）

に過ぎなかった。しかし，現在では両者はすっかり逆転し，2017（平成29）年
のデータでは，年間の死亡者数は134万人に達し，医療施設で死を迎える人が
7割（病院73.0%，診療所1.8%）となり，自宅で死を迎える人が1割（13.2%）
となっている。近年の特徴は，福祉施設で死を迎える人が1割（老人ホーム
7.5%，介護老人保健施設2.5%）いることである。全体の死因の順位としては，
①悪性新生物（腫瘍）27.9%，②心疾患15.3%，③脳血管疾患8.2%，④老衰
7.6%，⑤肺炎7.2%，となっている。[24]

『高齢社会白書 令和元年版』によれば，日本の現在の高齢化率（総人口に占
める65歳以上の割合）は28.1%となっており，私たちは既に超高齢社会に突入し[25]
ている。また，2016年時点での平均寿命は，男性80.98歳／女性87.14歳であり，
健康寿命（日常生活に制限のない期間）は，男性72.14歳／女性74.79歳である。[26]
平均寿命から健康寿命を引くと，男性8.84年／女性13年となるのだが，この期
間において何らかのケアが必要となり，最後の半年のケアが終末期ケアという
ことになる。

　実際の終末期ケア（ターミナルケア）を評価するための制度としては，在宅医
療では，所定の条件を満たせば，ターミナルケア加算や看取り加算などが設定
されており，特別養護老人ホームや認知症対応型グループホームなどの施設で
は，所定の条件を満たせば，看取り介護加算が設定されている。

　また，介護を必要とする人（介護保険における要介護者）は，特に75歳以上の
後期高齢者において増加する。介護が必要となった要因としては，①認知症
（18.7%），②脳血管疾患（15.1%），③高齢による老衰（13.8%）となっている。[27]

　次に，高齢者世帯について見てみると，全世帯のうちで高齢者のいる世帯は
47.2%を占めている。高齢者世帯の3割が夫婦のみの世帯であり，これに高齢
者単独世帯を合わせると，およそ6割にも達する。ここから見えてくるのは，[28]
在宅における老々介護の現実，家族介護の担い手不足，孤立死の可能性などで
ある。このような現状を受けて，介護の社会化の要請が高まる。今後の一層の
高齢化に伴い，個々人による介護予防の努力（健康寿命の延長）も必要だが，介
護保険などをはじめとした手厚い介護サービスの充実や施設の増加などが求め

られる。

3）死に場所難民

前述したように，日本では年間134万人が亡くなり，その7割が病院で死を迎えているのだが，このような状況下では病院のベッド数が大幅に不足し，病院で死ぬということも難しくなりつつある。最近では福祉施設での看取りも少しずつ増えてきているが，終の棲家としてのホスピスや緩和ケア病棟の数や病床数は全く足りず，終末期にあるすべての人たちの受け皿として期待することはできない。[29]医療においても介護においても，「施設から在宅へ」という施策が推進されているのだが，在宅での看取りの医療や介護が充実しているとは到底言うことができない。それゆえ，私たちは安心して死ぬことができる場所を確保することができず，必然的に「死に場所難民」とならざるを得ないのである。それどころか，介護の担い手が圧倒的なマンパワー不足であることを考え合わせると，そもそも死にゆく以前に介護が受けられないという「介護難民」となってしまうことが危惧される。「終末期をいかに支えるか」ということは，私たちの喫緊の課題なのである。

（2）死にゆく人の思い

死は誰にとっても一度きりの初めての体験である。たとえ何歳であっても不安がつきまとうのは当然である。しかし，これまでに死へと歩んでいった多くの人々の言葉や思いに耳を傾けることによって，これから死を迎えようとしている私たちは，暗闇の中で道標を得ることができうるのである。

1）自己の死の受容──死の5段階説

アメリカの精神科医 E. キューブラーロスは，末期がん患者200人以上からの聞き取り調査により，死にゆく人の思いを分析し，これを死の5段階説として明らかにした。[30]これは現在でも死にゆく人の死に対する認識を把握する上での重要な概念となっている。自己の死を突きつけられた時の人々の反応として，第1段階は否認である。「そんなはずはない」「何かの間違いだ」と必死に目を逸らす。第2段階は怒りである。どれだけ否認しても，死が切迫している事実

は変わることはない。そこで，死を部分的に受け入れて，「なぜ私なんだ」という怒りへと変化する。第3段階は取り引きである。切迫する死を自分ではどうしようもできず，「何とかして下さい。助けてくれれば，何でもします」と，藁にもすがる思いで死の先延ばしを図る。第4段階は抑鬱である。取り引きが失敗して大きな喪失を味わい，「もう駄目だ」と絶望する。最後の段階は受容である。これは諦念でもなく，幸福でもなく，感情がほとんど欠落した状態であり，「長い旅路の前の最後の休息」を思わせる。

2）死にゆく人が抱える痛み――トータルペイン

　終末期においては，病気の進行や加齢による衰えなどにより，身体の自由が大きく制限され，意識も途絶えがちである。そして，何より深刻なのは痛みの問題である。なぜなら，痛みは人格を破壊するからである。痛みは否応なくその人に襲いかかり，その人がその人らしくあることを妨げる。したがって，その人の尊厳を尊重するために，痛みは除去されなくてはならない。

　現代ホスピスの創設者C.ソンダースは，終末期の患者との関わりの中で，死にゆく人の抱える痛みが単に身体的痛みに留まることなく，トータルペイン（全人的痛み）であることを明らかにした。

　　　「痛みを表現しようと試みる患者たちは，『私のすべてが悪くなってしまったかのようだ』というフレーズを使い，他の諸症状だけを語るのではなく，精神的苦悩の叙述または社会的もしくはスピリチュアルな諸問題をも含める。この『トータルペイン』の大部分は，鎮痛剤の使用なしでも軽減されうる。また同時に，身体的諸症状に注意を払うことによって，不安や憂鬱の多くから解放される。」

　ソンダースが示したトータルペインの源泉は4つである。1つ目は身体的痛み，2つ目は精神的痛み，3つ目は社会的痛み，4つ目はスピリチュアルな痛みである。社会的痛みとは，経済的悩みや仕事上の悩み，家族に関する悩みなどのことである。スピリチュアルな痛みとは，霊的な痛みや魂の痛みなどと訳

されることもあるが，端的にいえば，自己喪失に起因する苦悩であり，実存的苦悩やアイデンティティ・クライシスである。また，「天国に行けるのか」「神により救われるのか」などの宗教的な苦悩も含まれる。

　終末期にある人は，このようなトータルペインを抱えているので，トータルケアを必要とする。これを可能にするのは，各領域の人々からなるチームケアである。

（3）死にゆく人への寄添い

　私たちが「死への存在」であるということは，自ら死にゆく存在であると同時に，「あなたの死を看取る存在」でもあるということである。大切な人のたった一度の死に際して，私たちはいかに寄添うことができ，一体何ができるのだろうか。

1）自己決定の尊重──インフォームド・コンセントとリビング・ウィル

　終末期とは，病気の終わりではなく，人生そのものの終わりとして大きな意味を有している。終末期の主人公は，医療者ではなく，死にゆく本人に他ならない。したがって，死にゆく人の思いを最優先にした，本人が望む最期をサポートすることが重要となる。

　生命倫理学の4原則の一つを成す自律尊重の原則[33]は，人間の本質を自律性のうちに捉えて，本人の自己決定を尊重するというものである。これを臨床現場で実践するための手段が，インフォームド・コンセントであり，リビング・ウィルである。

　インフォームド・コンセントとは，医療者などによる適切な情報提供（説明）を受けた上で，患者がそれを理解し，自発的に同意（または拒否）するということである。患者は情報提供の権利や自己決定の権利を有しているのに対し，医療者は説明義務を有している。

　リビング・ウィルとは，「生きている間に効力を発揮する遺言」であり，生前意思と訳される。意識不明などで自己決定できない場合に備えて，前もってどうするか記しておくことである。1976年のカルフォルニア州の「自然死法」

によって世界で初めて法制化された。日本でも臓器提供意思カードや尊厳死協会の尊厳死の宣言書などがこれにあたるのだが，まだ法制化には至っていない。

　終末期の意思決定については，厚生労働省が「人生の最終段階における医療・ケアの決定プロセスに関するガイドライン」を示している。その趣旨を簡潔にまとめると，①本人の自己決定，②本人の推定意思（リビング・ウィルや事前に本人が意思表示したもの），③家族による代理決定，④医療・ケアチームによる決定，という順に意思決定が優先される。

２）グリーフケア

　死にゆく人は死ですべてが終わるのだが，後に遺される人はむしろ死からすべてが始まる。大切な人との死別は，心に深い傷を負わせ，自分が自分でいられない程の悲しみをもたらす。このような死別による喪失をグリーフ（grief）と呼ぶ。日本語では悲嘆と訳される。グリーフは，大切な人を喪失した誰もが経験する自然な反応であり，決して病気ではない。また，故人への思いが強い分だけグリーフも深まる。

　グリーフ研究は，精神分析の創始者であるG. フロイトから始まり，イギリスの精神科医であるJ. ボウルビィやC. M. パークスによって唱えられた悲哀の４段階説[34]が有名である。近年では，グリーフの受動的側面だけでなく，能動的側面を積極的に評価する理論も登場している。これらに共通しているのは，故人との絆を再構築し，新しい自分を見出すということである。具体的には，アメリカの心理学者J. W. ウォーデンの課題説[35]や，アメリカの心理学者R. A. ニーメヤーの意味の再構成説[36]などがある。

　グリーフケアとは，文字通りグリーフを抱える人をケアすること，すなわち遺族ケアのことである。グリーフケアの内容として以下の４つのケアが挙げられる。[37]１つ目は遺族の心に寄添う「情緒的サポート」，２つ目は家事援助や事務手続きなどを行う「道具的サポート」，３つ目は適切な知識や情報を提供する「情報的サポート」，最後は複雑性悲嘆など専門性を要する治療が必要な場合の「医学的介入」である。

　現在，日本では死に至るまでの終末期ケアに関してはさまざまな公的支援が

受けられるが，死後のグリーフケアに関しては一切公的支援はなされておらず，ボランティアなどに頼らざるを得ないのが現状である。悲嘆にくれて最も助けを必要とする時期であるだけに，何らかの支援がなされるべきである。

（4）子どもと死[38]

　ドイツの哲学者 M. ハイデガーは，人間の死についての分析を行い，「人間は生まれ出るやいなや，ただちに十分死ぬ年齢になっているのである[39]」という言葉を用いて，人間が存在するかぎり常に死の可能性を有していることを示した。このことが意味するのは，人間は生まれた瞬間からいつでも死にうるということ，すなわち，たとえ子どもでも死を免れることはできないということである。医療が高度に発達した現在の日本でも，死を迎える子どもたちがいるのは事実である。日頃から子どもは虫や生き物の死を目の当たりにすることも多く，時には親や友人の死を経験することもある。したがって，子どもと死は決して無関係ではないのである。

　「子どもと死」というテーマは，大きく2つの観点から考えることができる。一つは，子ども自身が死をどう捉えるかという「子どもにとっての死」であり，もう一つは，子どもの死に親がどう向き合うかという「親にとっての子どもの死」である。

1）子どもにとっての死

　子どもにとっての死に関しては，子ども自身の言葉から理解するのが最も良い方法であろう。以下に挙げる2つの事例では，子どもが子どもなりに自分の理解できる範囲で必死に死を受け止めようとしていることを読みとることができる。最初の事例は聖路加国際病院の小児病棟のものであり，次の事例は海外での親を亡くした子どもへのインタビューにて語られたものである。

　小児病棟の同じ部屋に入院していた素平くんと司くんは，年齢も5歳同士で仲良しだった。素平くんは神経芽細胞種というがんの治療をしており，司くんは骨折が長引いていた。一緒に過ごしたのはたった5カ月だったが，2人は友情で固く結ばれていた。司くんが外泊で自宅に戻ったある夜，懸命な治療にも

関わらず，素平くんは静かに息を引き取ったのだった。外泊から戻ってきた司くんは，素平くんが旅立ったことを聞かされた時，黙ってベッドに突っ伏して，「会いたい，会いたい……」と言い，それ以降夕食を一口も食べなかった。素平くんの葬儀から1週間後，司くんは「素平くんはね，ぼくが歩けるようになったの，いちばん最初に知ってるよ。だってさ，星になったから，空から見てるんだよ。それでね，魔法をかけて，ぼくが歩けるようにしてくれたんだよ」と語った。

　また，9カ月前に父親を交通事故で失った7歳のゲイルちゃんは，「わたしは，パパは天国にいるとおもいます。もしかしたら，天使になったかもしれません。神さまが，パパにわたしの話をしてくれて，パパもきっと，わたしのことを見守っていてくれるにちがいありません」と語り，父の死を天使として理解している。

　子どもによる死の理解は，個人差によって異なることはもちろんだが，年齢による成熟度合いが大きく左右することは，ハンガリーの心理学者M.ナジによる有名な研究調査によって明らかになっている。彼女は作文・絵・面接を通して，3歳から10歳までの378人の子どもの死の概念を分析し，年齢別に3つのグループに分類した。3～5歳未満の子どもは，死を不可避な事実として理解することができず，死後も別世界で生きていると思っている。5～9歳の子どもは，死を擬人化して捉えて死と死者を同一視し，死を偶然の出来事と思っている。9歳以上の子どもは，不可避な事実として死を現実的に理解しており，一般的な死の理解に達している。

　死に対する子どもの態度に目を向けると，大人とは異なった独自性が見られる。これは，子どもは大人と違って自分自身で生活する術を持たず，愛着対象（親や大人）に依存するしかないので，その愛着対象の顔色をうかがい，悲しみ困らせたりしないように自制を強いられるためである。愛着対象の死に対して子どもは，「何もわからない場合でも，成人のようにいろいろと質問できる立場におかれていない。…（中略）…。成人であれば，もしも自分が望めば理解と慰めをさらに探し求めることもできるが，子どもはほとんどそのような立場

におかれていない[44]」という状況があると、ボウルビィは述べている。また、児童精神医学を専門とする精神科医である森省二は、「子供の場合の特徴は、心身共にまだ未熟であり、生きていく上で依存し愛着する対象が不可欠であるために、些細な対象喪失でも異常な反応を起こしやすく、それが人生を方向づけてしまうことである[45]」と指摘し、「反応がシンプルで、ストレートに現れること、発達可能性がまだ十分に残されていることなどの良い点もあり、いったん病的になったとしても、大人よりもはるかに回復が早いことも特徴である[46]」と付け加えている。

　ここから明らかとなるのは、子どもは死に対して正しい認識を自分自身で積極的に得られる環境にはないため、周囲の状況によって左右され、恣意的に偏った認識に陥りやすいということである。また、自らの感情を表出する術を持たないため、悲しみや不安や疑問を人知れず押し殺してしまうということである。

　では、死別を経験した子どもとどう向き合えばよいのだろうか。ここで参考になるのは、ウォーデンによる「ハーバード子ども死別研究[47]」から導き出された以下の提言である[48]。

　　「遺児は誰かの面倒なくしては生活できないという不安を抱えているので、自分がしっかり世話してもらえるとわかる必要があるということ。自分のせいで親を死なせたのではないとわかる必要があるということ。子どもは限られた情報から勝手に解釈してしまうので、死に関する明瞭な情報を必要としているということ。家族の一員であり続けると実感できるように、自分も葬送儀礼に大切な一員だと感じられる必要があるということ。日常の生活や日課を続ける必要があること。子どもは自分自身の揺れる感情と闘っているので、質問に傾聴してくれる人を必要としているということ。子どもは亡くなった親を思い起こす手立てを必要としているということ。」

2）親にとっての子どもの死

　親にとっての子どもの死は，一人の死に留まるものではなく，自分自身の死ともなりえる悲痛なものである。それは生きがいの喪失であるがゆえに，未来をも失うことを意味し，親は「子どもを守ってあげられなかった」という強い自責の念に苛まれることになる。

　自分の息子を事故で亡くした体験を有するアメリカの心理学者 C. M. サンダースは，親にとっての子どもの死を「究極の悲劇」と位置づけている。そして，その理由として，①一般に子どもが死ぬことがまれである，②親子の絆が強い，③親は子どもと自分を同一視する傾向にある，④子どもは親を未来につなぐ存在である，⑤子どもが社会とのパイプの役目をしてくれる，という5つを挙げている。⁽⁴⁹⁾

　ここで，一つ実例を挙げることにする。当時1歳の陸翔^{りくと}君を原因不明の突然死で亡くした母親は，苦しい胸の内を次のように綴っている。

　　「お通夜やお葬式の時，涙はほとんどでなかった。陸翔は少しの間離れているだけで，すぐ戻ってくるような感覚がしていた。なぜみんな泣いているのだろうと不思議にさえ思った。
　　　2週間がすぎ，仕事へ復帰した。その頃にやっと我が子が亡くなったという現実が頭で理解でき始めた。『もう一生帰ってこない，一生会えない。なぜあの時，体調が悪いことに気づかなかったのだろうか。なぜあの時もっと早くに目が覚めなかったのだろうか。私のせいだ，私が陸翔を殺した』夜になると延々とこの思いが頭をよぎり涙が止まらない。仕事中も，ふとしたことで涙が止まらなくなった。⁽⁵⁰⁾」

　悲嘆の渦中にある子どもを失った親は，どのように究極の悲劇である子どもの死から立ち直ることができるのだろうか。

　両親にとっての子どもの死に対する喪（グリーフ）の課題として，①子どもなしに生きることを学ぶこと，②死んだ子どもの表象を内在化すること，が挙

げられる。これらは，愛する我が子のいない世界をこれから過ごしていかなく
てはならない親にとって，生きるための大きな力となる。自分の子どもとの死
別は永遠の別離としてこの上なく辛いものだが，亡くなった子どもとの内的関
わりを新たに紡いでいく，すなわち，心の中に新しく位置づけ直す，というこ
とが未来への扉を開くことにつながるのである。

　最後に触れておきたいのは，亡くなった子どものきょうだいのことである。
きょうだいも深い悲しみの中にあり，親に守ってもらいたいと思い，甘えたい
と思っている。しかし，「子どもの死後しばらくの間，遺されたきょうだいに
注意が向かないことは珍しいことではない」と，ウォーデンも述べているが，
親が大きな悲嘆の中にあるために，きょうだいは自分の胸の内を誰にも話すこ
とができず，取り残されてしまいがちである。したがって，きょうだいのケア
についても目を向ける必要があることを決して忘れてはならない。

4　災害弱者を守るまちづくり

（1）災害とは何か

1）東日本大震災における高齢者と障害者の状況

　近年，地震，津波，豪雨，強風，住宅への浸水等，さまざまな自然災害が日
本列島を襲い，大きな被害を被っている。2011（平成23）年3月11日に起きた
東日本大震災では，岩手・宮城・福島の東北3県の広範囲にわたって甚大な被
害を蒙り，その中で，とりわけ障害者・高齢者の被害は一般住民のそれと比較
すると数倍であったことが報告されている。

　『高齢社会白書　平成23年版』によると，岩手県，宮城県，福島県の3県にお
ける震災直後の死者は4月11日までに1万3,154人にのぼり，検視等を終えて
年齢が判明している人は1万1,108人で，そのうち60歳以上の高齢者が7,421人
と65.2％を占めている。このことから高齢者の震災による直接死の割合が非常
に高かいことが伺える。また，復興庁によると，2019（平成31）年3月31日現
在，東日本大震災による「震災関連死」と認定された人が，岩手，宮城，福島

の３県で計3,667人となり，このうち66歳以上が3,258人と全体の89％を占めている。震災後の長引く避難所生活で体調を崩したことによる死亡や持病の悪化のほか，病院の機能停止による既往症の悪化，ストレスやPTSD（心的外傷後ストレス障害）による死亡，将来に絶望した自殺などがこれに該当し，66歳以上の高齢者が多数を占めている。[54]

　同様に障害者の被害割合の高さも顕著であった。NHK「福祉ネットワーク」取材班は，岩手・宮城・福島の３県の沿岸地域のうち10人以上の犠牲者が出た30市町村を対象に，電話やFAXで各地方自治体障害福祉担当者への聞き取り調査（2011〔平成23〕年７～８月）を実施した。その結果，総人口に対する死亡率が1.03％であったのに対し，障害者の死亡率は2.06％と２倍にのぼることを報告している。ただし調査では，死亡の確認された障害者の人数の把握を行っており，そこには行方不明者は含めていない。また身体障害者（種別は視覚障害・聴覚障害・肢体不自由に限定），知的障害者，精神障害者など各種障害者手帳所持者が調査対象であり，発達障害，難病，高次脳機能障害等のうち手帳を所持していない者は対象に含まれていない。したがって，これらを考慮すると障害者の死亡率はもっと高かったことが予想される。

　このように東日本大震災に限らず，さまざまな災害において障害者・高齢者の被害は一般住民のそれと比較すると大きいことが考えられる。その原因を考えていくにあたり，以下いくつかの視点を取り上げて説明しながら，災害弱者を守るまちづくりについて考えていく。

２）自然災害と社会的脆弱性

　災害には天災と人災があり，天災とは自然現象が引き起こす災害のこと，人災は人為的な原因による災害のことを指す。一般的に自然災害といえば，地震，津波，強風，豪雨，住宅への浸水，噴火等の自然現象を思い浮かべる人が多いと思われるが，これらの自然現象はイコール自然災害ではない。それでは，自然災害とはどのように捉えられ説明がされるものなのであろうか。

　地理学者B. ワイズナーによると，自然災害は自然現象の結果または影響によるものであるが，「自然からの外力」と「社会的脆弱性」[55]との相互作用によ

り社会的に構築されるものであるとしている。そして，特に政治・経済・社会構造によって政治的権力や経済的資源から周縁化された貧困層や少数民族などの特定の社会的集団がハザードの高い地域に居住せざるを得ない状況に陥った結果，自然災害による被害が大きくなるため，この構造を変革することによって脆弱性を解消すべきであると主張した。

　ここでいう「社会的脆弱性」とは，物理的・経済的・社会的・政治的な環境・構造・動態の中に潜む「危険な状況（unsafe condition）」のことを指す。例えば，物理的環境としては，居住地域が海岸や河川周辺あるいは崩れやすい地盤の上にあることや，耐震基準以下の建物に住んでいることなどが挙げられる。また，経済的状況としては，低所得であることや貯金の不足，物価の高騰，災害保険の不備などが挙げられる。社会的状況としては，子どもや女性・妊産婦，高齢者や障害者，病人や外国人などへの配慮や支援の不足，社会的排除や差別意識，低水準な社会保障システム，技術者の不足などが挙げられる。最後に政治的状況としては，民主主義の欠落，行政機関の停滞，防災・減災計画の不備，避難計画の欠如，建築基準の制度化や管理の不徹底，観測網・早期警報システムの不足，防災教育の欠如などが挙げられる。これらのさまざまな要因が「社会的脆弱性」を構成するのである。

　例として，河川周辺に居住している貧困層の場合を具体的に考えてみよう。単純に河川氾濫区域に居住しているから危ないというだけでなく，その他にも耐震構造の弱い老朽化した家，国の低水準な社会保障システムと不十分な支援，地域の防災・減災計画の未整備，社会的排除や差別による地域からの孤立など，さまざまな「社会的脆弱性」の要素が二重三重に折り重ればそれだけリスクが高まる。

　このように，貧困層や少数民族などの特定の社会的集団（社会的弱者）に，より多くのリスクが集中しやすいことを考えると，東日本大震災における障害者・高齢者の被害が一般住民の数倍となった原因がみえてくる。

3）個人的要因と環境的要因

　また，社会的脆弱性は環境要因だけでなく個人的要因も影響する[56]。例えば，

高齢や障害等による行動や判断の機能的な問題により，いざという時に一人では安全な場所に避難できないという高齢者や障害者の場合，「脆弱性」はその人の個人的要因に起因していると考えられる。

　しかし，「高齢者や障害者＝弱者」であるとは一概にいえないだろう。東日本大震災では，施設で過ごしていた障害者が職員による誘導・支援によって無事に避難できたという事例に比べて，在宅で暮らす障害者の方が被害にあう割合が高かったという地域もあった。この2つ決定的な違いは「いざという時に助けに駆けつけてくれる人がいるかどうか」という社会的要因（周囲の関係との関係性あるいは交互作用）がどうであったかという点にある。このことから「高齢や障害がある」という個人的要因を補う社会的要因が重要であり，それが災害時の脆弱性のレベルを左右する要因となりうることがわかる。

　災害弱者を守るまちづくりを進めていく上で，さまざまな側面の「社会的脆弱性」を解消していくことが求められる。そこで次項では，さまざまな自然災害に見舞われてきたわが国の「災害弱者」への支援について説明し，理解を深めていく。

（2）災害弱者と福祉的支援

1）災害弱者とは

「災害弱者」とは防災行政上は「災害時要援護者」のことを指し，『防災白書平成3年版』によると，次の4つの条件のうち1つでも該当するものがある人のことを指すと規定している。

ⅰ　自分の身に危険が差し迫った時，それを察知する能力がない，または困難な者。

ⅱ　自分の身に危険が差し迫った時，それを察知しても適切な行動をとることができない，または困難な者。

ⅲ　危険を知らせる情報を受け取ることができない，または困難な者。

ⅳ　危険を知らせる情報を受け取ることができても，それに対して適切な

行動をとることができない，または困難な者。

　また，内閣府は2006（平成18）年３月に都道府県，市町村，関係機関等を対象とした「災害時要援護者避難支援ガイドライン」を策定しており，「必要な情報を迅速かつ的確に把握し，災害から自らを守るために安全な場所に避難するなどの災害時の一連の行動をとるのに支援を要する人々」を「災害時要援護者」と定義し，具体的に高齢者，障害者，乳幼児，妊婦，外国人等を挙げている。

　そして，「要援護者は新しい環境への適応能力が不十分であるため，災害による住環境の変化への対応や，避難行動，避難所での生活に困難を来す」場合もあるため，避難行動の支援だけでなくその後の生活においても適切な支援が必要となる。

　一般的には，市区町村行政が把握する「災害時要援護者」とは，障害者手帳所持者や要介護高齢者や単身高齢者として把握されている人々のことであり，たとえば，介護保険の要介護度３（重度の介護を要する状態：立ち上がりや歩行などが自力でできない等）以上の者，身体障害（１・２級）及び知的障害（療育手帳Ａ等）の者，その他，一人暮らし高齢者や高齢者のみの世帯などが該当する。

　表６－２は高齢者，障害者のそれぞれの区分ごとの特徴と災害時ニーズを示したものである。平常時は何らかの支援や補助具等を活用しながら自立生活を送っている人であっても，災害時の特に避難行動に際しては，個々のニーズに応じた適切な支援が必要となることがよくわかる。

２）障害者や高齢者以外の要援護者

　障害者や高齢者以外には，どのような要援護者がいるのであろうか。たとえば，乳幼児・子どもは災害時の状況判断や対処・避難行動などを一人で行うのは難しい。また，妊産婦や傷病者は健康面のリスクや行動上の制限を抱えている。さらには，日本語がわからない外国人は避難指示や災害情報の理解が難しいし，国内旅行中の日本人であっても，不慣れな土地で被災した場合は避難所や避難経路がわからずスムーズな対処・行動をとることが難しい。

表6-2　災害時要援護者の特徴およびニーズ（例）

区　　分		特　　徴	災害時のニーズ
高齢者	ひとり暮らし高齢者等	○基本的には自力で行動できるが，地域とのつながりが薄く，緊急事態等の覚知が遅れる場合がある。	○災害時には，迅速な情報伝達と避難誘導，安否確認および状況把握等が必要。
	（寝たきり）要介護高齢者	○災害時には，迅速な情報伝達と避難誘導，安否確認および状況把握等が必要となる。	○災害時には，安否確認，生活状況の確認が必要。 ○避難する際は，車椅子，担架，ストレッチャー等の補助器具が必要となる場合あり。
身体障害者	認知症高齢者	○食事，排泄，衣服の着脱，入浴などの日常生活をするうえで他人の介助が必要であり，自力で移動できない。	○災害時には，安否確認，状況把握，避難誘導等の援助が必要。
	視覚障害者	○視覚による覚知が不可能な場合や，置かれた状況がわからず，瞬時に行動をとることが困難だったり，他の人がとっている応急対策などがわからない場合が多い。	○災害時には，音声による情報伝達や状況説明が必要。また，介助者がいないと避難できないため，避難誘導等の援助が必要。
	聴覚障害者	○音声による避難・誘導の指示が認識できない。補聴器を使用する人もいるが，コミュニケーション手段としては，手話，筆記等である。	○補聴器の使用や，手話，文字，絵図等を活用した情報伝達および状況説明が必要。
	肢体不自由者	○体幹障害や足が不自由な場合，自力歩行や素早い避難行動が困難なことが多い。	○災害時には，歩行の補助や，車椅子等の補助器具が必要。
	知的障害者	○緊急事態等の認識が不十分な場合や，環境の変化による精神的な動揺が見られる場合があり，自分の状況を説明できない人もいる。 ○施設・作業所等に通所している割合が，他の障害者より高い。	○気持ちを落ち着かせながら安全な場所へ誘導したり，生活行動を支援する等が必要。 ○通所していた施設・作業所等の復旧を早め，被災前の生活に一刻も早く戻す。
	精神障害者	○多くの人は自分で判断し，行動できる。適切な治療と服薬により，症状をコントロールできる。	○精神的動揺が激しくなる場合があるので，気持ちを落ち着かせ，適切な治療と服薬を継続することで症状をコントロールすることが必要。 ○自ら薬の種類を把握しておくとともに，医療機関による支援が必要。

出所：日本赤十字社『災害時要援護者対策ガイドライン』2006年，3-4頁。

このように「災害時要援護者」とは，災害時の避難・対処行動における何らかの制約や限界（運動機能，認知・判断力，情報力，伝達力など）を持っている人々のことを指し，高齢者や障害者，乳幼児や子ども，妊産婦や傷病者，日本語がわからない外国人やなどが該当する。災害時には，いずれの人たちも平常時に比べてより多くの保護や支援や配慮を必要とする。

　さらに，こうした人々の他に，災害によって負傷したり孤児となるなど，災害後に新たなハンディを負うようになった人や遠距離通勤者で帰宅が困難となった人，避難所での生活環境の中で医療や投薬が欠かせなかったり介護や特別な配慮を必要とする人などもいる。また，自分が住んでいる地域の災害リスクに対する認識を欠いている人や，災害リスクを認識していても経済的な条件により劣悪な環境を改善できないことから，その地域で暮らすことを余儀なくされている人などもいる。このように災害時に置かれた環境の脆弱性により，被害を受けた人や被災後の時間軸に沿って新たなニーズを抱えている人々も，広い意味での「災害弱者」といえるだろう。

3）避難行動要援護者名簿

　わが国では，2011（平成23）年東日本大震災での経験をふまえ，2013年（平成25）年に災害対策基本法が改正されて以降，災害対策のあり方が大きく変化してきた。この法改正では，高齢者，障害者，乳幼児その他の特に配慮を要する人を「要配慮者」とし，この「要援護者」のうち，災害が発生し又は災害が発生する恐れがある場合に自ら避難することが困難な者で，その円滑かつ迅速な避難の確保を図るため特に支援を要する者を「避難行動要支援者」とした。

　また，避難がより実効性のあるものとなるよう「避難行動要支援者名簿」の作成を各市町村に対して義務づけ，避難支援関係者等があらかじめ要援護者の所在等の情報を把握・共有するよう求めている。また，プライバシー侵害や個人情報保護の観点から，①名簿作成にあたっては本人からの同意を得ること，②その上で平常時から避難支援関係者等に情報提供すること，③災害時の緊急事態においては本人の同意の有無にかかわらず，名簿情報を避難支援関係者等に提供できること，そして④名簿情報の提供を受けた者に守秘義務を課すとと

もに，⑤市町村においては名簿情報の漏えいの防止のため必要な措置を講ずること等が規定されている。

　これらは市町村ごとに災害時要援護者登録制度等[58]の名称で実施されており，広報紙やホームページで制度に関する情報を掲示し，その普及に努めている。また，災害時要援護者の登録拡大を推進するために，職員が自治会の会合の場や「出前講座」などで制度の説明をし，要援護者だけでなく地域の支援者（住民や関係機関など）の協力や理解も得られるよう努めている。

　東日本大震災以降も地震や豪雨，台風などさまざまな災害に見舞われ，その都度，高齢者や障害者等の要援護者が逃げ遅れなどにより命を落としてしまうことが懸念されるとともに，名簿や個別支援計画の作成・活用の必要性が指摘されてきた。総務省消防庁の報道発表（2018〔平成30〕年11月5日）によると，避難行動要支援者名簿の作成に係る各市町村の取組状況（2018〔平成30〕年6月1日現在）は，1,739市町村のうち97.0％の1,687市町村が作成済であり，未作成の市町村には早期の作成を促している。

　今後は，国や市町村等の行政施策のさらなる推進と充実のみならず，地域の支援者等の理解と協力，そして要援護者自身もその必要性を認識し積極的に参画していくことが求められる。

4）要援護者のニーズに応じた個別支援計画

　災害に備えて一人でも多くの命を守るためには，要支援者の情報収集と名簿作成が求められるが，作成だけで終わってしまうのではなく，そのスムーズな情報共有と活用が求められる。そして，避難行動や避難所生活における個々のニーズに応じた支援をより具体的なレベルで検討し，あらかじめ個別支援計画に記載しておく必要がある。その際，要援護者本人も参加し，避難支援者，避難所，避難方法について確認しておくことが望ましい。また，実際に要援護者と避難支援関係者が一緒に避難訓練を行い，避難行動のシュミレーションをしておくことも必要となる。

　図6-6は「災害時要援護者の避難支援ガイドライン」に示されている個別支援計画例である。記入者は本人または家族や親戚など保護者が，または調査

図 6-6　避難支援プラン・個別支援計画

(表)

＊情報共有についての同意＊

令和　　年　　月　　日

○○市長殿

　私は，災害時要援護者登録制度の趣旨に賛同し，同制度に登録することを希望します。また，私が届け出た各個人情報を市が自主防災組織，民生委員，社会福祉協議会，在宅介護支援センター，消防署，警察署に提出することを承知します。

自治区名		民生委員		TEL FAX	
災害時要援護者　＜高齢要介護者・一人暮らし高齢者・障害者・その他（　　　　　）＞					
住所			TEL FAX		
氏名		（　男　・　女　）	生年月日		

インターネット（電子メール，携帯メール等）も含めた情報伝達手段

緊急時の家族等の連絡先

氏名		続柄（　）	住所		TEL	
氏名		続柄（　）	住所		TEL	

家族構成・同居状況等 妻と二人の老夫婦世帯。長男・次女はいずれも結婚して県外に居住…。	居住建物の構造	木造二階建て，昭和○年着工。
	普段いる部屋	木造，鉄骨造，耐火造，着工時期等
	寝室の位置	

特記事項
要介護度4で一人では歩行が困難。人工透析を受けている。聴覚障害もあり，手話通訳が必要。

肢体不自由の状況，認知症の有無，必要な支援内容等。特段の必要がなければプライバシーに配慮し，病名等を記入する必要はない。

緊急通報システム　（　あり　・　なし　）

氏名		続柄（　）	住所		TEL	
氏名		続柄（　）	住所		TEL	

(裏)

避難勧告等の伝達者・問い合わせ先
○○××さん（自治会副会長）。なお，○○介護センターからも伝達予定。
※聴覚障害のため，FAX・直接的な伝達が必要

その他
担当している介護保険事業者名，連絡先等

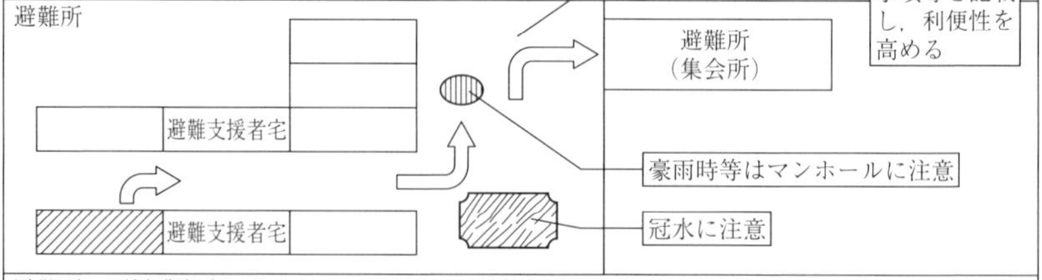

避難所，注意事項等を記載し，利便性を高める

豪雨時等はマンホールに注意

冠水に注意

避難所の要援護者班：○○さん，△△さん，□□さん
福祉避難室：1階和室

出所：内閣府『災害時要援護者の避難支援ガイドライン』2006年，10頁。

170

者が聴き取って記入する。そして，地方自治体や施設（学校，企業，福祉施設，病院，団体，地域など），本人と家族のそれぞれがこの情報を所持し，災害時に活用することとなる。以下，いくつかの項目について解説する。

　①　「TEL・FAX」「緊急時の家族等の連絡先」「緊急通報システム」

　避難準備情報等の伝達手段や安否確認の方法として電話やFAXが活用される。あるいは直接訪問する方法もあるが，いずれにしてもどのような通信手段で，どのように連絡を取り合うのか等を，平常時から確認し合うことが必要である。また，連絡を取り合う人や関係機関等が誰であるか，連絡の内容はどのようなものか等も含め，あらかじめ検討しておく必要がある。

　緊急連絡先は，家族や親戚だけでなく，要援護者を理解してくれている方なども記入しておくとよい。たとえば，家族が亡くなってしまい，要援護者一人が取り残されてしまうこともありうるため，さまざまなケースを想定して緊急連絡先に記入してもらう。

　②　「居住建物の構造」「普段いる部屋」「寝室の位置」

　自宅で日中や夜間過している部屋や位置，災害が起きた時に避難している部屋や場所など記載してもらう。できれば建物の階や家の見取り図とともに，要援護者の居場所が記載してあるとよりわかりやすい。これにより，例えば自宅に支援者が救助に行っても，まずは要援護者が滞在する場所を中心に探してもらうことができる。

　③　「特記事項」

　要援護者の特徴や配慮事項などを記載してもらう。たとえば，どのような姿勢や体位で，どのような器具や補助具を使って介助するのか等，である。介助経験が全くない人が支援に来る場合もあるため，誰が見ても理解できるように，できるだけ細かく記載してあるとよい。また，避難所生活も想定して「対人障害があるため，集団生活や人が多い場所での避難は困難である」「体温調整が困難である」などの留意点や，移動・外出時に必要な福祉機器，排泄時に必要な介助方法，常備薬やかかりつけ病院と医師の情報なども記入しておくとよい。そして，普段の生活スタイルや生活パターン，主な外出先なども記載してもら

う。例えば，「デイサービス〇〇〇（火曜日と金曜日に10時から15時までデイサービス，送迎つき）」などである。これにより，災害が起きた曜日のその時刻には，要援護者がどこにいるのかがわかる。この「特記事項」欄は紙幅の関係で小さいスペースしか設けられなかったが，本来はもっとスペースが大きい。個別ニーズへの対応や支援，その際に必要な物（要援護者にとって欠かせない生活必需品や補助具等）が記載され，その情報量は多い。

④　「避難勧告等の伝達者・問い合わせ先」

この欄には，誰が避難支援活動に携わるのか，どのような避難方法や避難経路を想定するのか等を記載してもらう。災害時の避難支援においては，動員・活用できる人的・物的資源が限られてしまうことから，より効果的・戦略的な避難支援を実施できるように準備しておくことが必要となる。

その要援護者の特徴や特性を考慮して，どこの避難所が適切か，あるいはどのような避難所が理想的か等，本人の意向や希望も加味しながら支援計画を検討することも大切である。

このように支援計画の内容は，本人や家族のプライバシーにかかわる情報が非常に多いため，市町村をはじめ避難支援関係者等は情報の管理責任体制の明確化と守秘義務の徹底が求められる。また，支援計画作成後も本人を含めた適宜訓練や確認作業を実施し，登録内容に変更が生じれば随時更新することも必要である。

5）これからの災害対策に求められるもの

①　当事者参加に基づく「インクルーシブ防災」

自然災害では高齢者や障害者等の災害弱者や比較的社会階層の低い人たちに被害が集中しやすいといわれている。それは平常時において，いかに彼らへの理解や配慮が足りないか，あるいは，かかわりや接点すら持っていないという社会の状況を写し出している。そして，ひとたび災害が起きると，普段見過ごしてきた災害弱者への配慮の欠如が浮き彫りになり，場合によっては災害の極限状態の下で，社会に存在する物理的なバリアや人々の心のバリアが彼らへの差別や排除へとつながっていくこともある。したがって，これからは，災害弱

者を「見逃さない」で救援し，被災住民が彼らとともに復興と生活再建を目指していけるような共生社会を，地域の中に築くことが防災対策やコミュニティづくりの上での課題となる。そのためには，私たち自身が同じ地域に暮らしている障害者，高齢者，その他，特別な配慮を必要とする人たちの存在を知り，気にかけたり関わりをもつことから始めていきたい。

　近年，「インクルーシブ防災」という考え方が唱えられ，その重要性が増しているが，普段から相互交流の延長線上で要援護者名簿を作成したり，支援者を組織したり，避難訓練などを行うなどして，意識的に避難のあり方を考えていくことが必要である。このように平常時から障害者や高齢者もコミュニティの一員として参画し，次の災害で一人でも多くの命が助かるために一緒に対策を考え，さまざまなニーズにコミュニティ全体が当然のごとく配慮していけるような「インクルーシブな社会」の実現が望まれる。内閣府の「福祉避難所の確保・運営ガイドライン」では，「平時の取り組みなくして，災害時の緊急対応を行うことは不可能」としているように，要援護者を支えるための日常の知恵やノウハウの蓄積が，緊急時においても有効に生かされるのである。

　②　人と人とのつながりを重視した「共生社会」

　また，災害時の避難所や仮設住宅での生活においても，「インクルーシブ」の考え方は実践される必要があるだろう。たとえば，福島県郡山市を拠点とするJFD被災地障がい者支援センターふくしまでは，東日本大震災直後から，障害者一人ひとりの目線で彼らの生活困難に向き合い，その解消に取り組む活動を展開した。具体的には，引きこもりがちだったり，外出の機会が少ない人たちを対象とした交流サロン「しんせい」を立ち上げたり，サロンに来ることが難しい人については，仮設住宅などに出向いていき，小さな集まりを開くための自助グループの活動の支援を行っている。また，障害者だけでなく，引きこもりの人やニートの人が緩やかなつながりを持てる場としてサロンを開放したり，障害者の人たちが作った商品の販売や写真展を実施することによって，同センターにつながる多様なネットワークの実現を図った。同センターのスタッフは「緩やかなつながり。でも，何かあったときにはお願いして，お願いも

されるような関係性をつくるには，日ごろからのお付き合いが大事」と語っている。[59]

　災害弱者にとっては，このサロンのような場や同センターにつながる団体・組織とのネットワークが不可欠であり，共生社会の実現のためには，彼ら一人ひとりにとっての「寄る辺」[60]，つまり「落ち着ける場所」「帰れる場所」「普段から頼りにできる場所」を，地域社会で築くことから始める必要がある。その前提には，地域住民の「多様性の理解と尊重」，そして基盤となる価値としての「寛容さ」が求められる。前述したように「高齢や障害がある」という個人的要因だけでなく，「いざというときに助けに駆けつけてくれる人がいるかどうか」という社会的要因（周囲の関係との関係性あるいは交互作用）が，震災時の脆弱性のレベルを左右する。つまり，社会に存在する物理的なバリアや人々の心のバリアが社会的脆弱性の要因となるのである。したがって，「共生社会」や「インクルーシブ防災」の実現に向けて，これから私たちは自身の考え方や価値観をもう一度見つめ直し，社会のあり方を周りの人たちと一緒に考えていく必要がある。

5　矯正施設退所者への社会復帰支援

（1）矯正施設退所者への地域生活支援

1）地域生活支援の必要性

　矯正施設退所後の生活支援については，2012（平成24）年7月20日，犯罪対策閣僚会議において決定された「再発防止に向けた総合対策」において，「高齢者又は障害者に対する指導及び支援」「住居の確保」及び「就労の確保」が再犯防止のための重点施策とされ，各種の施策が講じられることとなった。さらに犯罪対策閣僚会議は，2014（平成26）年12月，「宣言：犯罪に戻らない・戻さない　立ち直りをみんなで支える明るい社会へ」を決定し，刑務所出所者等の再犯防止の鍵となる仕事と居場所の確保に向けて，立ち直りを支える社会環境の構築に努めることが示された。そして，こうした取り組みをより一層推進

していくために，2016（平成28）年12月7日に再犯の防止等の推進に関する法律が成立し，同月14日から施行されている。この再犯防止推進法の下で2017（平成29）年12月に策定された「再犯防止推進計画」においては，次の7つの重点課題が設定されている。

① 就労・住居の確保等。
② 保健医療・福祉サービスの利用の促進等。
③ 学校等と連携した就学支援の実施等。
④ 犯罪をした者等の特性に応じた効果的な指導の実施等。
⑤ 民間協力者の活動の促進等，広報・啓発活動の促進等。
⑥ 地方公共団体との連携強化等。
⑦ 関係機関の人的・物的体制の整備等。

　矯正施設退所後は，誰もが地域の一員として再出発することから，こうした重点課題が途切れることなく継続して実施され，再犯防止と矯正施設退所者の立ち直りに向けた生活の確立に際しその効果を高めることができるよう，地域社会における支援体制の確保と充実が求められている。このことは，成人，少年を問わず重要な共通事項であるが，本節では，「保育士のための社会福祉」という観点から，少年への支援に留意しつつ総括的に述べることとする。

　少年矯正の基本は，少年の健全育成にあり，少年の未熟さゆえに，とりわけ手厚い支援が必要とされる。少年のうちに問題を発見，改善し，社会において自立した生活ができるよう十全な体制を築くことは，将来の再犯防止という観点からも有用である。そのために，少年については，個別的な特別な配慮をもって支援していく必要性が高いといえる。そして少年に関わる関係者のさまざまな支援が提供側の都合によって断ち切れることなく，できる限り重層的なものとなり，協働して少年を支えるネットワークを地域に構築していくことが実践課題となる。地域の中にこうした支援体制が形成されてこそ，少年院等で受けてきた教育が実を結ぶものになる。この点を確認した上で，「住居」と「就

労」を巡る具体的な課題について検討する。

２）定住支援

　冒頭において述べた通り，再犯防止のための重点施策の一つとして，2012（平成24）年７月20日の犯罪対策閣僚会議において「再犯防止に向けた総合対策」が策定された。総合対策においては，わが国の犯罪情勢は依然として高い水準にあること，中でも「約３割の再犯者によって，６割の犯罪が行われている」ことを指摘した上で，再犯防止策を重要な政策課題とした。その基本方針は2017（平成29）年12月に策定された「再犯防止推進計画」においても踏襲されており，７つの重点課題の一番目に「就労・住居の確保等」が挙げられていることからもうかがえる通り，「社会における『居場所』と『出番』を作る」こと，居場所＝住居確保の重要性が強調されている。

　私たちが生活する上での基盤となる住居であるが，適切な住居を見出すことができない場合には，更生保護施設の活用が支援の柱となる。しかし希望しても空き部屋がなく断念せざるを得ない場合や，本人が施設の制約を嫌って入所を見送ることもある。そこで2011（平成23）年度から，「緊急的住居確保・自立支援対策」として，保護観察対象者等で適当な住居の確保が困難な者について，更生保護施設以外の宿泊場所に宿泊させる取り組みが開始された。具体的には，アパートや寮などの宿泊施設を保有するNPO法人，社会福祉法人，宗教法人などが「自立準備ホーム」として，宿泊や食事の提供とともに，生活支援を行っている。今後，自立準備ホームの拡大と処遇水準の均質化及び向上が課題となるが，社会的養護の領域において児童養護施設等の退所児童の自立支援に実績を積んでいる児童福祉法上の自立援助ホームも，対象とする子どもの属性の違いからくる支援の困難さは高くなるが，自立準備ホームの一形態として位置づけられており，これまでの実践の知を活かした取り組みを期待したいところである。

３）就労支援

　住まいの確保と併せ，もう一つの柱となるが出番＝雇用の確保である。居場所とともに「出番」は，社会適応の重要な鍵となる。刑務所出所者等の再犯

図6-7　受刑者・少年院在院者に対する就労支援対策の概要

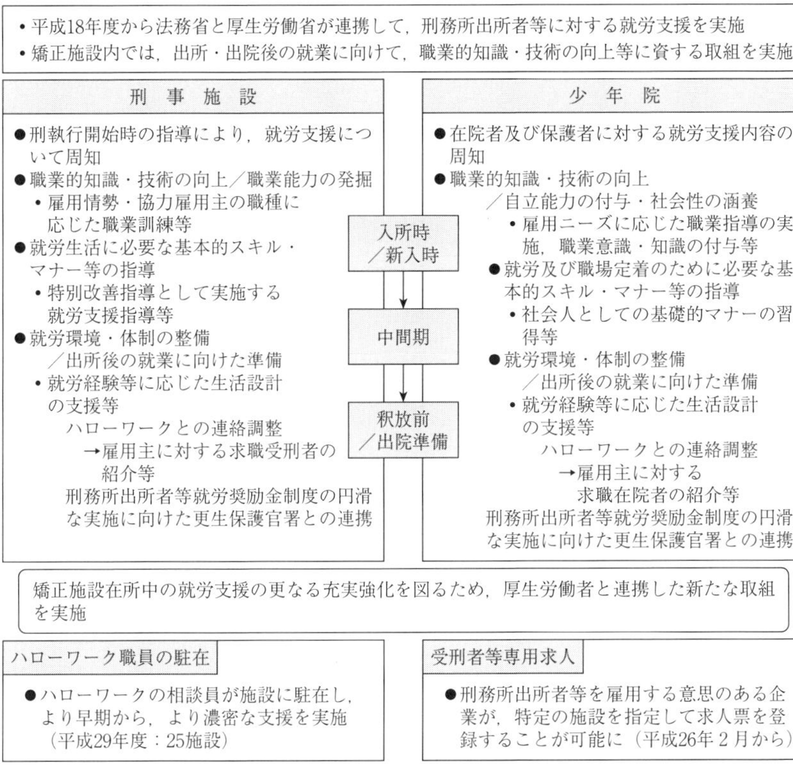

- 平成18年度から法務省と厚生労働省が連携して，刑務所出所者等に対する就労支援を実施
- 矯正施設内では，出所・出院後の就業に向けて，職業的知識・技術の向上等に資する取組を実施

刑　事　施　設	少　年　院
●刑執行開始時の指導により，就労支援について周知 ●職業的知識・技術の向上／職業能力の発掘 　・雇用情勢・協力雇用主の職種に応じた職業訓練等 ●就労生活に必要な基本的スキル・マナー等の指導 　・特別改善指導として実施する就労支援指導等 ●就労環境・体制の整備／出所後の就業に向けた準備 　・就労経験等に応じた生活設計の支援等 　　ハローワークとの連絡調整 　　→雇用主に対する求職受刑者の紹介等 　刑務所出所者等就労奨励金制度の円滑な実施に向けた更生保護官署との連携	●在院者及び保護者に対する就労支援内容の周知 ●職業的知識・技術の向上／自立能力の付与・社会性の涵養 　・雇用ニーズに応じた職業指導の実施，職業意識・知識の付与等 ●就労及び職場定着のために必要な基本的スキル・マナー等の指導 　・社会人としての基礎的マナーの習得等 ●就労環境・体制の整備／出所後の就業に向けた準備 　・就労経験等に応じた生活設計の支援等 　　ハローワークとの連絡調整 　　→雇用主に対する求職在院者の紹介等 　刑務所出所者等就労奨励金制度の円滑な実施に向けた更生保護官署との連携

中央：入所時／新入時　→　中間期　→　釈放前／出院準備

矯正施設在所中の就労支援の更なる充実強化を図るため，厚生労働者と連携した新たな取組を実施

ハローワーク職員の駐在	受刑者等専用求人
●ハローワークの相談員が施設に駐在し，より早期から，より濃密な支援を実施（平成29年度：25施設）	●刑務所出所者等を雇用する意思のある企業が，特定の施設を指定して求人票を登録することが可能に（平成26年2月から）

出所：法務省 法務総合研究所編『犯罪白書 平成29年版』2017年，314頁。

を防止し，その改善更生を図るために，就労の確保が重要となることは論を待たない。このことは保護観察終了時に無職であった者の再犯率は，有識者の再犯率の数倍も高いことからも明らかである。しかしながら，就職してもすぐに離職したり，転職を繰り返すなど安定しない者が多数存在するであろうことは想像に難くない。

　就労支援の一つとして，法務省と厚生労働省が連携し，2006（平成18）年度からトライアル雇用や身元保証制度などの就労支援メニューを活用した「刑務所出所者等総合的就労支援対策」（図6-7参照）を実施している。これは，支

援対象者の希望や適性等に応じ，計画的に就労支援を実施しようとするものである。今日では出所者等の就労の確保と継続にさらなる充実を期するため，刑務所出所者等就労支援事業の一環として，就労先を矯正施設在所中に確保するために，受刑者等専用求人制度の導入及び受刑者等の雇用を希望する事業主に対し，その雇用ニーズに適合する者を収容している施設の情報を提供するなど，矯正施設退所後速やかに就労に結び付けるため，矯正就労支援情報センター室（通称「コレワーク」）が設置され，2011（平成23）年4月から，就労支援の一層の充実強化が図られている（図6-8参照）。

このように矯正，更生保護，社会福祉の連携の強化推進により，住まいと就労を柱とする地域の支援態勢を整え，早期に生活の安定を図っていくことが，対象者の自立支援にとって重要な一歩となるのである。

（2）少年院におけるアフターケア

社会的養護関係施設においては，児童福祉法にも規定されているように，アフターケアが施設の目的の一つとして位置づけられており，各社会的養護関係施設においては，さまざまな取り組みがなされている。少年院出院者に対しても，保護観察官や保護司が親身になった助言や指導を行い，少年の立ち直りを支援してきたが，2015（平成27）年6月1日から施行された少年院法改正によって，少年院の職員が出院者からの相談等に応じることが法律上定められた。

> 「少年院の長は，退院し，若しくは仮退院した者又はその保護者その他相当と認める者から，退院し，又は仮退院した者の交友関係，進路選択その他健全な社会生活を営む上での各般の問題について相談を求められた場合において，相当と認めるときは，少年院の職員にその相談に応じさせることができる。」（少年院法第146条）

少年を指導してきた少年院の職員が適切な範囲で関わることによって，更生保護の取り組みをより強固なものとして有効に推進することが可能になると考

図6-8　矯正就労支援情報センター室（コレワーク）の雇用情報提供サービス

●全国の受刑者・少年院在院者の資格，職歴，出所・出院後の帰住先等の情報を一括管理
●事業主の雇用ニーズに適合する者を収容する刑事施設・少年院を紹介

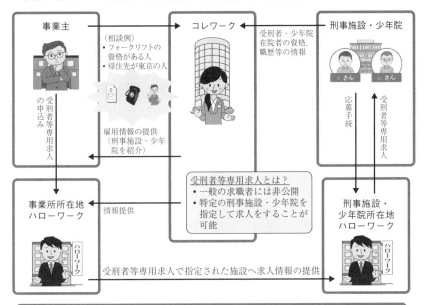

出所：図6-7と同じ，317頁。

えられる。具体的な取り組みの積み重ねが待たれるところである。

（3）子ども・若者ビジョンに見る支援策

　子ども・若者を取り巻く環境が激変している今日，非正規労働者の増大等による経済的格差の広がりなどからくる貧困問題の拡大，家庭や地域の養育力が低下する中で，帰る家も頼る人もなく，居場所を探し求めて放浪する若者の増加など，義務教育を終了した子どもや，児童福祉法の対象年齢を超える若者に

対する支援の充実が求められている。こうした中，2010（平成22）年4月1日に施行された「子ども・若者育成支援推進法」において，子ども・若者育成施策に関する基本的な枠組みが定められるとともに，子ども・若者育成支援施策の中長期的な方向を示す『子ども・若者ビジョン』が，2010（平成22）年7月23日に決定されている。同ビジョンの中から，矯正関連の施策の一部を引用しておきたい。矯正に関連する施策は，「困難を有する子ども・若者やその家族を支援」のうち，主に「非行・犯罪に陥った子ども・若者の支援等」の項目に，次のようにまとめられている。

（更生保護，自立・立ち直り支援）
・保護観察中の少年が介護・奉仕活動等を行う社会参加活動やしょく罪指導等を実施するなどして処遇を充実
・保護司等民間ボランティア団体の活動推進
（非行少年に対する就労支援等）
・少年院，少年刑務所において，就労に対する心構えを身に付けさせ，就労意欲を喚起する指導等を充実
・社会復帰に資する職業技能の習得や高等学校卒業程度認定試験の受験を奨励
・出院及び出所予定者，保護観察に付された少年等を対象として，刑務所出所者等就労支援事業を推進
（非行少年の立ち直り支援）
・更生保護施設や自立援助ホームの充実等を図るとともに，関係機関，学校，民間協力者，地域の人々等が連携して行う居場所づくりを始めとした多様な立ち直り支援を推進
（民間協力者の確保）
・非行に陥った少年等の就労について，企業や個人事業主等の協力者の確保

『子ども・若者ビジョン』の基本理念が浸透し，子ども・若者の成長の応援と，一人ひとりを包摂する社会づくりを目指して不断の努力が求められる。

なお2016（平成28）年6月1日から刑の一部の執行猶予制度が施行されている[61]。刑務所出所後も，自立した生活が送れるようになるまでの間，社会の中でのアフターケアが必要となることは論を待たない。本制度が有効に活用されそして機能するように，更生保護における社会福祉の役割はますます大きなものとなっている。福祉関係者に課せられた責務は大きいことを自覚し，ソーシャルインクルージョンの実現に向けて地道な取り組みを継続させなければならない。

6　地域福祉の推進と社会福祉

（1）地域福祉とは何か

　地域福祉は，児童福祉や高齢者福祉，障害者福祉といった対象や内容が明確にイメージできる福祉と比較して，イメージがしにくい福祉といえるだろう。上野谷は地域福祉を「住み慣れた地域社会の中で，家族や近隣の人々，知人，友人などとの関係を保ち，自らの能力を最大限に発揮し，誰もが自分らしく，誇りをもって，家族及び地域社会の一員として，普通の生活，暮らしを送ることができるような状態を創っていくこと」と定義している[62]。これを基にシンプルに考えれば，地域福祉の対象となる状態とは，地域社会での生活を送ることができなくなる何らかの問題・課題を住民が抱えた時ということになるだろう。この何らかの問題・課題は，保護者からの虐待や配偶者からの暴力等のDVにより，保護者や配偶者から離れざるを得なくなり，住み慣れた地域で暮らしていくことができなくなることであるかもしれない。また，地域社会や家族との間で孤立し，引きこもりになることかもしれない。共働きの夫婦に子どもが生まれ，駅へのアクセスが良く，早朝や夕方の延長保育の時間も十分な保育所に子どもを預けて仕事に復帰したいが倍率が高く落選し，職場への復帰を伸ばすか働き方を変更することを選択せざるを得なくなることかもしれない。

昨今の観光化の進んだ日本では，自宅近くに宿泊施設ができ，宿泊客によって深夜まで引き起こされる騒音により，通常の生活を送ることができなくなる等の例もあるかもしれない。その他にも，失業といった即生活に困ること，過疎化により通勤・通学の交通手段が減少すること，地方における若者の就業先選択における職種の少なさなど，福祉でイメージされるような内容に限らない，多様な問題・課題が考えられる。

　それは地域には子どもから高齢者までさまざまな世代，職業，国籍，宗教，考え方を持つ人々が生活していること，そしてそれらの人々の生活も多様であることを考えれば当然であるだろう。この問題の多様さこそが"地域福祉"である。多様であるがゆえに，既存の福祉制度・サービスを利用することで解決できる場合よりも，新たな福祉サービスの創造が求められることや，住民の意識の変革が必要なこと，労働や街づくりの問題，医療や教育などの複数の分野にまたがる問題の場合もある。

　これらの問題を解決するために行われるすべてのこと，すなわち必要な制度・サービスを整備あるいは創設することや，近隣住民の社会福祉への関心や理解を深め，支え合う街づくりを創造していくこと，福祉や医療，教育などのネットワーク化を進めること，交通機関や住宅などの生活環境の整備を進めていくこと等により，住民が地域社会の中で生活し続けていけるようにすることが地域福祉といえる。

　さてここで，地域福祉でいうところの"地域"についての理解を深めたい。私たちは，「この町の住民である」といった自身の認識の多少にかかわらず，生涯の多くを地域社会の中で生活している。具体的には，生まれた時から同じ町に暮らし，周囲の人とのつながりも強く，地域で行われる行事へ参加し，役割を担うことで，この町の住民であるという意識を強く持っている人もいれば，転勤や進学によって一時的にその町に暮らし，住民票も移していないという人がいるように，である。

　とはいえ，そこで暮らし，そこから仕事や学校へ行く。買い物や外食を楽しむこと，家族や友人と遊ぶこと，スポーツすることもあるだろう。体調を崩せ

ば，病院にかかり，要介護状態になる等といった介護が必要な事態になれば，福祉サービスを利用することもあるといったように，その時々の生活の拠点となり，暮らしている間には，ある程度のわが町としての認識を持つのが，地域社会である。このような日常の生活を送る拠点となる場（生活圏域）であり，私が暮らす町として認識できる空間を地域福祉でいうところの地域と捉えてほしい。

（2）社会福祉基礎構造改革と地域福祉の推進

1）地域福祉の発展

　地域福祉は，社会福祉においては比較的新しい分野の一つである。また，欧米の影響を受けつつも，日本社会という土壌の中で醸成された面を多く持つという特徴がある。ここでは，欧米の影響を受けながら，どのように日本における地域福祉が発展してきたかについて簡単に述べる。

　欧米における地域福祉の源流は，イギリスの産業革命を起源とする資本主義の発展と，それに伴って発生した貧困者問題への対応にある。その一つとして1869年にロンドンで設立された慈善組織協会（Charity Organization Society，以下，COS）は，それまでばらばらに行われていた民間の慈善団体による貧困者への救済事業を組織化し，団体ごとの個別活動により発生していた漏救・濫救の防止，慈善団体間の連絡調整，貧困者の登録と友愛訪問員の貧困者家庭への派遣といった活動を発展させていった。

　1884年に同じくロンドンで設立され，発展していったセツルメント運動は，貧困者の居住エリアであるスラム街に大学教授や大学生といった知識階級，篤志家らが住み込むことで，住民生活の改善はもちろんのこと，教育，レクリエーション，医療活動なども行い，地域社会の改良活動を展開した。COSの活動，セツルメントの活動は共にイギリスからアメリカに渡って広まり，発展していく過程で理論化・体系化されていくことになる。また，これらの実践は民間による先駆的な実践であり，公的な制度とは異なるが，地域を基盤に住民の福祉の促進に取り組んだ点において大きな意義を持っている。

明治以前の日本においては，農村における「結い」や「講」に代表される，近隣や集落内での助け合い，支え合いの仕組みが機能していた。しかし，明治に入り富国強兵の一環である殖産興業政策が推進されたことにより，様相が異なってくる。資本主義化の進展が国民の間の貧富の差を拡大させたにもかかわらず，公的制度である恤救規則が「人民相互ノ情誼」を基本とし，相互扶助が優先されたのである。これにより，日本における地域福祉も，欧米同様に民間事業から展開され，隣保事業として広がったセツルメント活動や日本型 COS ともいえる中央慈善協会の設立などにその萌芽がみられた。

　日本のセツルメント運動は，1891（明治24）年にアメリカ人宣教師のアダムスによって設立された「岡山博愛会」が始まりである。貧困児童に対する日曜学校に始まり，施療所の開設なども行われていた。日本人によるものとしては，片山潜が1897（明治30）年に東京・神田に開設した「キングスレー館」があり，後の学生セツルメント運動につながっている。

　慈善団体による救済事業の組織化としては，1908（明治41）年に設立された，中央慈善協会がある。救済事業についての調査，慈善団体間の連絡や行政との調整といった活動が行われていたが，イギリス・アメリカと異なる点としては，行政がその設立に関与したことが挙げられる。中央慈善協会は戦後，その他団体と合併・統合し，現在の社会福祉協議会へとつながっている。

　セツルメント運動や中央慈善協会の設立の他，現在の民生委員の前身である方面委員制度もこの時代に発足している。1917（大正6）年に岡山では，貧困調査により県民の1割が極貧者であることが明らかになったことを受け，県知事笠井信一が防貧対策として岡山県済世顧問制度を創設した。翌1918（大正7）年には大阪で，大阪府知事の林市蔵により，ドイツのエルバーフェルト制度を取り入れた大阪府方面委員制度が設置されている。この制度における方面委員の業務は，担当区域の生活状態の調査，要援護者への対応であり，民間の篤志家が方面委員を担っていた。

　戦後の日本における地域福祉の発展は，喫緊の課題であった貧困・戦災孤児・傷痍軍人らへの対応を基にする福祉三法（生活保護法・児童福祉法・身体障

害者福祉法）の制定，1960年代の高度成長期における精神薄弱者福祉法（現・知的障害者福祉法）・老人福祉法・母子福祉法（現・母子及び父子並びに寡婦福祉法）を加えた福祉六法体制の確立がなされた後となる。

　1970（昭和45）年には高齢化率が7％を超え，介護が社会問題として認識されていくようになる。また，1973（昭和48）年のオイルショックの影響を受け，経済は低成長期へと移行した。このような社会の下で，施設福祉から家庭や地域の役割を重視する福祉への見直しの動きが起こり，地域福祉は大きく展開していく。その一つがイギリスにおけるコミュニティケアの思想の影響である。

　1968（昭和43）年に出された「シーボーム報告」は，自治体による福祉行政を一元化し，対人福祉サービスを統合的・包括的に提供することを強調するものであった。5万～10万人単位の地域を基盤にすることや専門職制を進めることといった内容も含め，援助が必要な状態になっても地域での生活を支えようとする体制を構築していくものとなっており，日本における地域福祉の理論化に影響を与え，岡村重夫の『地域福祉論』（1974年）などにつながった。

　また，1981年の国際障害者年を契機に日本でも浸透したノーマライゼーション理念は，誰もが地域で当たり前の生活を送ることができるとの考え方から，援助が必要な状態になっても地域住民の一員であるという新しい視点を地域福祉にもたらしている。一方で，地域福祉の実態化に大きな影響を与えたのは，1970年代後半からの在宅福祉サービスを強化する動きである。1979（昭和54）年には，全国社会福祉協議会在宅福祉サービスあり方研究委員会が「在宅福祉サービスの戦略」を発表し，ホームヘルプサービスやデイサービスを市区町村社会福祉協議会の事業として位置づけ，注目された。この「在宅福祉サービスの戦略」以後，在宅福祉サービスの整備が推進され，社会福祉のあり方そのものの変化へと発展していく。

　国は1989（平成元）年に，高齢者保健福祉10か年戦略（ゴールドプラン）を策定し，在宅福祉サービスなどの整備目標を予算措置と合わせて示し，1990（平成2）年の老人福祉法等の一部を改正する法律（福祉関係八法改正）により，市町村が在宅福祉サービスや入所施設を計画的に整備し，提供する，市町村を中

心とした地域福祉の推進へと転換した。

　その後，1994（平成６）年には，「21世紀福祉ビジョン」が発表され，超高齢社会に向けた年金や医療などの適正な給付と負担のあり方が検討された他，同年12月に「高齢者介護・自立支援システム研究会報告」において，高齢者介護における社会保険方式の導入が提起されている。これにより，介護保険法の制定を含めた「措置から契約へ」，成年後見制度などの「福祉サービス利用者の権利擁護制度の確立」などが柱となった社会福祉基礎構造改革へと至ることとなる。

２）社会福祉法における地域福祉の推進と地域福祉計画

　2000（平成12）年は，介護保険法の施行と社会福祉基礎構造改革を目的とした社会福祉事業法の社会福祉法への改正が行われた年である。この改正された社会福祉法では，第１条（目的）において，「地域における社会福祉（以下「地域福祉」という。）の推進を図る」という表記がなされ，社会福祉の目的が地域福祉の推進にあることが初めて明記された。また，第４条においては，地域福祉の推進における「地域住民の参加」についても規定され，住民が地域福祉の担い手であることが明確に位置づけられた。第109・110条では，社会福祉協議会を地域福祉の推進を図ることを目的とする団体として規定し，社会福祉協議会が創設以来行ってきた地域福祉を推進する団体としての活動実態が法的にも位置づけられた。これらの規定により，地域福祉が社会福祉における主流となったといえる。

　新たに社会福祉法に規定された「地域福祉計画」は，その策定が地域福祉の推進を図るために必要な事項とされており，特に「市町村地域福祉計画」は，「住民に身近な行政主体である市町村が，地域住民，福祉サービスを提供する事業者，ボランティアなどの参加を得て，地域の生活課題とそれに対応する必要なサービスの内容・量・その現状を明らかにし，かつ確保し提供する体制を計画的に整備すること[63]」とされていることからも，具体的かつ実効的な整備計画として期待されるものである。また，地域の生活課題を対象とすることから，高齢者・障害者・児童といった各分野の福祉計画をつなげる横断的な内容とす

ることや，街づくり・防災等の計画との調整も求められている。

　つまり，地域を基盤として，課題や対象による縦割りではなく，総合的かつ包括的な視点や対応を目指した整備が進められることになったことは，住民生活・福祉の向上に大きな意義をもたらした。さらに，社会福祉法において，計画策定やその変更については，地域住民等の意見を反映させるために必要な措置を講ずることと規定されており，住民参加が要件となっていることにも大きな意義があるといえる。地域住民が計画策定に参加することにより，自らの住む地域に目を向け，そこで発生する多様な地域生活課題に対して，行政が主導するものという認識を改め，自らが解決の主体として取り組むきっかけとなることが期待できる。

　そして，それらの活動を通して，公民の関係だけでなく，住民同士の連帯・協働をも生む福祉コミュニティの形成を図ることが必要である。その他，社会福祉基礎構造改革により，措置から契約制度へと移行したこと，福祉サービスという言葉が使用され，サービス提供主体の多様化と市場原理の導入によるサービスの質の確保問題が不可欠とされた。このような中で「事業者と福祉サービス利用者の対等な関係」を構築していくためには，「利用者保護」が必要との観点から，利用者への情報提供体制の整備，苦情解決制度や第三者評価まで，権利擁護制度を整備していくことも市町村に求められる責務である。

　近年は，改正社会福祉法（2018〔平成30〕年）においても指摘される介護予防や生活困窮者への支援，社会的養護が必要な子どもへの支援等の視点が求められるようになり，より一層の包括的な支援体制の構築に努めていくことが課題となっている。

（3）地域福祉推進の主体とあり方

1）地域福祉の推進方法

　地域福祉が対象とする問題・課題の多様性については前述した通りであるが，それらを基に考えると，社会福祉領域に限らない住民個々の生活上の課題の解決から，そのような課題が発生する地域そのものへの働きかけまで，地域福祉

を推進する方法も多様であるといえる。つまり，何らかの生活上の問題を抱えている人への個別援助をその人が暮らす地域において行い，地域生活を支援すると同時に，それらが実現できる仕組みや関係性を地域の中につくっていくことも含まれるからである。

　地域福祉を推進する方法論として近年は，地域を基盤としたソーシャルワーク実践として理解される「コミュニティソーシャルワーク」という考え方が注目され，コミュニティソーシャルワーカーと呼ばれる専門職が社会福祉協議会を中心に配置されるようになっている。現代日本が抱える超高齢社会や児童等への虐待問題，自殺者の増加，社会的孤立や生活困窮者の問題などによる福祉ニーズの多様化，複雑化に伴い，従来の方法では対応しきれないニーズへの新たな実践方法として期待されている。

　コミュニティソーシャルワークは，住民が住まう地域を基盤とし，その生活圏域の中で実践が展開されることを特徴とする。そして，住民個々の生活上の問題に即した制度やサービスを活用することはもちろんのこと，新たな社会資源の活用・改善・開発などを含めた実践により援助し，住民の地域における自立生活を支援する。また同時に，地域の中で同様の問題を抱える人等のニーズを掘り起こし，顕在化させることや，それらを基に地域に問題解決の基盤を整え，問題の発生を予防するアプローチを行うことである。具体的には，地域住民はどのような問題を抱え，それはどうして発生するのかを知ること。問題解決の基盤を整えるために，これらの地域における問題を住民が自らの問題として認識し，解決の主体となる意識を持てるような働きかけを行うこと。また，住民とともに問題解決に取り組む主体である行政（市町村）や専門職（機関），問題の当事者である福祉サービスの利用者，ボランティアなども含めたチームによる包括的な支援のネットワークを形成していくこと等が求められることとなる。

　コミュニティソーシャルワークの展開は，基本的にはソーシャルワークと同様と考えてよいが，前述したように個別援助と地域への働きかけの統合であること，一人のソーシャルワーカーが単独で行うものではなく，多くの主体によ

るチームアプローチとなることを特徴として認識することが肝要である。

2）福祉教育

　今日の地域住民を主体とする地域福祉を推進するために必要不可欠な要素として挙げられるものの一つに，「福祉教育」がある。ここでいう福祉教育は，地域住民への生涯学習等の一環や，学校教育の中で児童に対して行われる社会福祉についての理解や参加の促進を目的とするものである。前述したように，地域福祉における住民主体は，住民が自らの地域やその課題，福祉について考えることによって形成されるものであることから，その機会となる場を提供する「福祉教育」が重視されるのは当然といえる。

　福祉教育が展開される場の一つである学校では，総合的な学習の時間などを通して地域の福祉施設への訪問や高齢者・障害者との触れ合い，車いす体験といった体験学習が行われている。また，1960年代には福祉教育への取り組みを明文化していた社会福祉協議会（以下，社協）も大きな役割を果たしてきた。ボランティアの育成のためのボランティア・スクールや研修が社協の事業として実施されている他，学校が行う福祉教育に対して，講師派遣や器具の貸し出し等の支援も行っている。

　社協の重要な取り組みであり，地域福祉の推進を進める上で，地域福祉計画と車の両輪にも例えられる「地域福祉活動計画」の策定においては，住民懇談会，策定メンバーへの就任など，多くの住民参加の機会が設定されている。これらの学校や社協の取り組みを通じて，児童や地域住民が地域にどのような人が暮らし，どのような生活があるのかを知り，地域の課題について考えることは一つの契機になるだろう。加えて，体験によって得たものを他人ごとではなく，自分とつながりのあるものとして捉えられるようにすることこそが，問題解決に向けた住民主体を形成するために「福祉教育」に求められることである。

3）市 町 村

　地域福祉に関わる団体として，住民の生活に最も身近な行政機関である市町村が果たす役割は大きい。ここではその役割についての理解を深める。

　市町村の果たす役割として挙げられるものとしては，前項2）で述べた市町

村地域福祉計画の策定である。実際は、法的な策定義務はないが、前述したように、各分野の福祉計画をつなげる横断的かつ総合的な内容であること、住民参加が必要不可欠とされ、参加を契機とした公民や住民同士の連帯・協働が期待されることからも計画策定の意義は大きく、社会福祉法においても、自主的かつ積極的な策定への取り組みが求められている。

以上を踏まえて地域福祉計画の策定を考えると、まず、地域の住民ニーズを十分に踏まえた計画に基づく総合的かつ一体的な福祉サービス等の確保と充実を図ることが必要である。また、福祉への理解・関心の有無を問わず、性別・年代・所属などを含め、できるだけ多様な地域住民の参加をいかにして行うかが重要になるだろう。そのためには、既存の住民組織の活用や、地域の実情に応じた丁寧できめ細やかな情報提供や公開が必要になる。一方で、多様な住民が集まれば、当然考え方の違いによる衝突も起こってくる。そのような衝突も含めてともに考える場を作っていくことも市町村に求められる役割である。

4）社会福祉協議会

社会福祉協議会は、社会福祉法において、地域福祉の推進を図ることを目的とする団体として規定され、中央の全国社会福祉協議会、都道府県単位には、都道府県社会福祉協議会、私たちにとって身近な生活基盤である市町村には市町村社会福祉協議会が組織され、全国すべての市町村を網羅する民間の団体（社会福祉法人）である。

社会福祉協議会は戦後（1951〔昭和26〕年）、民間の社会福祉活動の再編を図ることを目的に設立された中央社会福祉協議会（現・全国社会福祉協議会）を契機として、都道府県、市町村でも組織された。この当時の社会福祉協議会（以下、社協）の活動や発展に影響を与えたのは、慈善事業、団体、施設間の連絡・調整や協働を目的とした方法論としてアメリカで発展したコミュニティオーガニゼーション理論である。中でも市町村社会福祉協議会（以下、市町村社協）においては、地域組織化活動として積極的に取り組まれていく。その後も各年代において、日本社会が置かれている状況や欧米の影響を受ける形で活動を展開し、住民の生活上の問題への対応を積極的に進める運動体社協を目指

す取り組み，ボランティアの育成・振興や福祉教育への取り組み，在宅福祉サービスの社協事業への位置づけ，地域福祉活動計画策定の推進などに取り組んできている。

　また市町村社協は，その組織構成においても，民生委員・児童委員，ボランティア等の福祉活動に関わる人や団体，自治会・子ども会・老人クラブ・障害児者団体等の住民組織や当事者団体，社会福祉施設・保育所・学校など，地域社会の中のさまざまな分野の専門家や団体・組織がメンバーとなることが求められており，地域の福祉を推進するため，その当事者・関係者が集まった組織である。これらのことからも，社協は地域福祉推進の中核を担う団体として，当該市町村との連携関係を保ち，住民のさまざまな生活上の問題に対応する機関としてあろうと努めてきたといえる。

　現在の市町村社協の事業活動としては，「市区町村社会福祉協議会経営指針」において，①法人運営部門，②地域福祉活動推進部門，③福祉サービス利用支援部門，④在宅福祉サービス部門の4つに整理されている。社協全体のマネジメントを行う法人運営部門を除いて見ていくと，②地域福祉活動推進部門では，独居高齢者が集まる会食会，住民同士のふれあいや子育てについてのサロン，介護や虐待，孤立などの問題についての見守りネットワーク，地域にある福祉施設や団体の連絡会，子ども食堂，ボランティアをしたい人と必要な人を結びつけるコーディネート，福祉教育活動など，地域の実情に合わせた上で多岐にわたる事業を行っており，住民参加による地域福祉の推進，ボランティア活動の推進などについての役割を果たしている。

　③福祉サービス利用支援部門では，認知症や知的な障害などにより判断能力が不十分な人が福祉サービスを利用する際の援助や日常的な金銭管理の援助などを行う日常生活自立支援事業の実施，生活福祉資金の貸付などにより，福祉サービス利用者の地域での生活を支援することから権利の擁護までも行っている。④在宅福祉サービス部門では，実際に高齢者や障害者などの在宅生活を支えるために，介護保険法や障害者総合支援法に基づくホームヘルプサービスやデイサービスなどの事業を実施している。

また，2018（平成30）年の改正社会福祉法において，「地域共生社会」の実現に向けた地域づくり・包括的な支援体制の整備が目指されることになったことに対して，全国社会福祉協議会 地域福祉推進委員会は同年，市町村社協がその中核を担うべく，あらゆる生活課題への対応などを掲げた行動宣言とアクションプランを一部改定し，アウトリーチの徹底や相談・支援体制の強化などを実現するために，コミュニティソーシャルワーカーの育成や確保，生活困窮者へのさまざまな機関との連携による地域自立生活支援などの実施を提起している。

　創設以来，社協は地域福祉の推進を自らの責務とし，地域における多様な問題に対応するため，非常に多機能な組織として成長してきた。これからの社協のあり方においても，地域共生社会の実現を目標に，地域を基盤として，住民主体による問題解決とその支援や，そのための仕組みづくりを行うことが求められている。

5）地域住民

　地域住民が社会福祉法への改正において，地域福祉推進の担い手として位置づけられたことは既に述べた。これにより，住民自身が自らの住む地域に目を向け，そこで発生する多様な地域生活上の問題に対して，自らが解決の主体として取り組むことが求められるようになった。とはいえこれまでも，老々介護の状況にある隣家に対し，自身のものと合わせてゴミ出しを行うからと声をかけることや，子どもの登下校時の見守りを自発的に行う老人会の活動など，住民同士の助け合い・支えあいは行われてきており，大きな力となっている。このように，意図せず地域福祉の推進活動に住民が主体的に参加することは，珍しいことではないが，民生委員・児童委員のように，明確な役割を担う住民も存在している。

　民生委員・児童委員は，それぞれ民生委員法・児童福祉法に規定されるものであるが，民生委員は同時に児童委員を兼ねることとされている。地域住民からふさわしい人が選出され，厚生労働大臣により委嘱される。また，任期は3年で，給与は支給されない。

　民生委員の職務は，民生委員法第1条に「社会奉仕の精神をもつて，常に住民の立場に立つて相談に応じ，及び必要な援助を行い，もつて社会福祉の増進に努める」と規定されており，具体的には，担当区域の住民の生活状態を把握することや，住民にとって身近な相談者・支援者として，自立生活の支援や福祉サービス利用のための情報提供や援助を行うこと，関係機関との連携や行政の業務への協力などとされている。

　実際に民生委員は，地域における要援護者や一人暮らし高齢者といった気がかりな人を見守り，生活上の問題を住民に身近な場所で早期に発見し，必要によっては専門職や機関につなぐことまでも行うという多くの役割を果たしている。また，民生委員と社協は密接な関係があり，社協活動である高齢者や子育てサロンでの活動，小地域福祉活動においてもリーダー役を果たしている。このように民生委員の職務内容は，多様かつ複雑であり，地域住民の生活上の問題に関わるものであることから，法律による守秘義務も課せられており，負担の大きさが課題となっている。これに対して国は，民生委員活動への支援の充実，研修などの民生委員の力量を高める取り組み，行政等の民生委員制度への理解の促進などを提言し，民生委員が安心して活動に取り組める環境の整備に努めている。

6）ボランティア・NPO

　地域福祉は住民参加・主体で推進されるものであるが，ボランティアはその積極的なあり方といえるだろう。ボランティアは，自らの自由意思に基づき，自発的に行うものであり，社会や他者のために，報酬を求めず行い，従来の方法にとらわれることなく，自由な発想で新たな方法や仕組みを創り出していくものとされている。福祉ニーズが多様化する中で，このようなボランティア精神で始まった配食サービス，障害児（者）への外出支援といった活動が地域住民の生活上の問題の解決の一端を担ってきた。また，自治会や町内会といった既存の住民組織の活動も，自由意思に基づくとは言い切れない面はあるが，地域の防災や防犯，ゴミ処理などの活動や住民同士の交流を図る行事の実行など，さまざまな形で地域福祉推進の役割を担ってきたといえる。

わが国でボランティア活動が広く定着したきっかけは，1995（平成7）年の阪神・淡路大震災であった。当時，多くのボランティアが現地でがれきの撤去などを行った他，多数の救援物資や寄付金が集まった。これらの社会貢献を行うボランティア活動や市民活動の発展や継続的な活動の推進を目的に1998（平成10）年に成立したのが，特定非営利活動促進法（NPO法）である。

　2018年度末現在で5万1,604法人がNPO法人の認証を受けているが，最も多いのは，保健，医療または福祉の増進を図る活動をその活動内容として挙げている法人である。活動内容に挙げる割合の高い項目としては，社会教育の推進を図る活動，子どもの健全育成を図る活動，まちづくりの推進を図る活動が続き，福祉や関連する分野で活動する法人が多いことがうかがえる。福祉分野においては，ボランティア団体等がNPO法人となり，法人格を取得することにより，契約行為が行えるようになったことは大きく影響を与えた。具体的には，福祉サービスの提供を行う事業者となることができるようになったことから，NPO法人として組織を強化し，公的・私的を問わず地域において福祉サービス事業者として活動する組織が増えていくこととなり，地域福祉推進の一端を担った。

　ボランティアやNPOの活動の特徴は，公的サービスでは対応しきれない，もしくは法の谷間に落ちる問題にも対応する，その即応性や柔軟性，創造性などにあるといえる。これからもその特徴を自覚し，既存の制度やサービスの枠組みの中での活動にとどまらない姿勢が求められる。

7　共生社会の実現──障害者福祉から見た課題

（1）障害とは何か

　障害について，義務教育課程，中等教育を通して，障害についての知識を学ぶ機会がどれほどあっただろうか。障害についての正しい知識を持たないまま，個人の主観的な見方で，障害を捉えていないだろうか。障害について知識を深めることは，偏見や差別に対して，正しく対応することにもつながる。

　また，誰もが交通事故に合い，身体障害を負うことや，労働環境上の問題として精神障害を発症する可能性はあり，家族や友人が障害を抱えることもある。障害について，他人事や縁遠いことと考えるのではなく，身近なものとして捉え直し，障害があろうとなかろうと，住みよい社会を作っていくことが求められる。

　「障害」と聞いて，思い浮かぶものは，人によってさまざまであるが，車椅子を利用している人や，白杖を用いている人など，身体障害は，目に見えてわかりやすく障害を抱えていることがわかるが，内臓疾患としての身体障害や精神障害など，一見してわかりにくい障害の場合，個人の性格や怠けている，やる気がないなどと，本人の問題にされてしまうこともある。このように，障害そのものよりも，障害から起因する症状に対する無理解ゆえに，さらなる対人関係上の困難等を抱えることになる二次被害を被っている障害者も多い。

　障害を抱えていることを知っていたら，そのような対応はしなかったと考える人もいるかもしれないが，なぜそのような行動，言動になっているのか，背景を考えることが足りていない，もしくは想像することができない，その余裕がないということもありうるが，障害に対する理解を深めていくことで，二次被害を少しでも解消できるのではないだろうか。

　「障害」を理解するあたり，まずはじめに「障害」という言葉について考えたい。障害の「害」の字について，さまざまな議論があり，障害ではなく，「障碍」と表現する場合もある。第26回障がい者制度改革推進会議（2010〔平成22〕年11月22日）において，「障碍」と「障害」について，歴史的経緯，当用漢字としての扱い，障害者団体からの「害」は「公害」，「害悪」，「害虫」の「害」であり，当事者の存在を害であるとする社会の価値観を助長してきたという意見や，別の障害者団体からは，「障碍」の表記でも仏教語に由来する「障碍（しょうげ）」の語源に関する問題もあるため，「害」の字を使う場合と同様かそれ以上の問題となる可能性があるという意見などが取りまとめられている。議論の背景には，「害」の字が持つイメージの問題があり，害をなす存在のように見られたり，偏見を持たれていることなどが少なからず影響している

と考えられ，「障がい」と害をひらがなで表現するようにしている団体もある。

　日本語での「障害」に関する議論は，このような議論を通して，より適切な理解につながることになると考えられる。一方で，「障害」の英語表現についても，考えたい。

　英語で「障害」を意味する単語は，「Impairment」「Disorder」や「Disability」などがある。それぞれ，意味するものが少しずつ異なっている。「Impairment」は，機能不全等を意味し，視覚や聴覚，運動能力などの機能についての表現である。「Disorder」は，心身機能の不調ということを意味しているが，DSMというアメリカ精神医学会が作成している『精神障害の診断と統計マニュアル』の精神疾患の日本語版では，「○○ Disorder」が○○障害と訳されている。「Disability」は，心身などの不利な条件やハンディキャップ（社会的な不利）を意味し，心身機能的な難しさを抱えていることを意味している。

　日本語の「障害」は，これらの意味を内包しているが，「障害」から「障碍」という語の用い方を変えていくという意見や，「障がい」と表記する意見などに多くの人が触れ，その背景にある考え方について理解を深めることによって，障害についての認識を変えていく力になっていくとも考えられる。

1）障害の分類

　障害には，さまざまなものがあり，それらについて精細な知識を持ち合わせることは難しいかもしれないが，基本的な分類を基にして，理解することは，知識の定着を図る上でも好ましいと考えられる。ここでは大きく，①身体障害，②知的障害，③精神障害（発達障害を含む），④難病の４点について取り上げる。

①　身体障害

　身体障害とは，身体障害者福祉法第４条において，「別表に掲げる身体上の障害がある18歳以上の者であつて，都道府県知事から身体障害者手帳の交付を受けたもの」を身体障害者とすると定められている。

　この条文にある別表に定められた障害には，a. 視覚障害，b. 聴覚又は平衡機能の障害，c. 音声機能，d. 言語機能又はそしゃく機能の障害，e. 肢体不自由，f. 心臓，じん臓若しくは呼吸器又はぼうこう若しくは直腸若しくは小腸若

しくはヒト免疫不全ウイルスによる免疫の機能の障害がある。

　a. 視覚障害における身体障害者手帳の5級の交付要件は，両眼の視力が合計0.2以下，両眼による視野の2分の1以上が欠けているものとなっており，視力を完全に失っている人だけが視覚障害というわけではない。同様に他の障害でも，聴力を完全に失っているわけではなかったり，肢体不自由でも四肢が失われている人も，失われていない人もおり，機能に障害を抱えていたりと千差万別であり，その人の抱えている障害をステレオタイプとして見るのは不適切である。バイステックの7原則における個別化の原則は，クライエントの抱える困難や問題が，似たようなものであったとしても，人それぞれの問題であり「同じ問題（ケース）は存在しない」とする考え方である。障害に焦点が当たり，その人自身を見ていないのでは，適切な支援が行えないこととなる。

　また，障害を生まれつき抱えている人もいれば，病気や事故などで，障害を負う人もいる。さだまさし原作の映画「解夏」では，主人公が病気のために視力を失っていくのだが，視覚を失うことの恐怖，家族，仕事，恋人を失うことなどの苦悩する姿が描かれている。主人公は，自身の障害と前向きに向き合おうとするが，そうできないことに苦しむ。家族や友人，恋人に支えられながら，その過程を通して，障害を受容し，生きる意味を見つめ直していく。主人公の周囲の人間は，主人公の抱えることになる障害について衝撃を受けながらも，障害への理解そのものよりも主人公の気持ちや苦悩に寄り添いつつ，福祉の実践者ではないが，主人公の障害受容を支援していた。

　このように，障害を抱える本人だけではなく，その周囲の家族や友人等も含めた視点も，支援を考える上で重要である。

　身体障害の支援制度である身体障害者手帳は，身体障害者福祉法に定める身体上の障害がある者に対して，都道府県知事，指定都市市長又は中核市市長が交付する。障害の程度を障害の種類別に重度の方から1級から6級の等級が定められ，程度の区分ごとにさまざまな支援が受けられる。

　②　知的障害

　知的障害者の定義規定は，知的障害者福祉法（昭和35年法律第37号）に定めら

れていない。この法律は，障害者自立支援法（平成17年法律第123号）とともに，知的障害者の自立と社会経済活動への参加を促進するため，知的障害者を援助するとともに必要な保護を行い，知的障害者の福祉を図ることを目的としている。

　障害児については，児童福祉法第4条2項において，「障害児とは，身体に障害のある児童又は知的障害のある児童をいう」と定められている。

　知的障害は，療育手帳制度に関する技術的助言（ガイドライン）で重度（A）とそれ以外（B）に区分に分けられている。

　重度（A）の基準は，①知能指数が概ね35以下であって，食事，着脱衣，排便及び洗面等日常生活の介助を必要とする者か，異食，興奮などの問題行動を有する者と定められている。また，知能指数が概ね50以下であって，盲，ろうあ，肢体不自由等を有する重複障害の者も重度（A）に該当する。それ以外（B）の基準については，重度（A）のもの以外と示されている。

　しかし，各都道府県知事等は，ガイドラインに基づき療育手帳制度について，それぞれの判断に基づいて実施要綱を定めている。都道府県によっては，療育手帳ではなく，「愛の手帳」と呼称したり，基準もさまざまである。

　療育手帳は，知的障害児・者への一貫した指導・相談を行うとともに，これらの者に対して各種の援助措置を受けやすくするため，児童相談所，又は知的障害者更生相談所において知的障害と判定された者に対して，都道府県知事又は指定都市市長が交付する。障害の程度ごとに適切な支援が受けられるしくみとなっている。

　③　精神障害

　精神障害者とは，精神保健及び精神障害者福祉に関する法律第5条に定められた，「統合失調症，精神作用物質による急性中毒又はその依存症，知的障害，精神病質その他の精神疾患を有する者」をいう。

　統合失調症は，人口の1％程度の罹患率があり，幻覚や妄想をはじめとする陽性症状，意欲の低下などの陰性症状，思考がまとまらないなどの認知の障害などの特徴がある。精神障害の分類は数多く，うつ病をはじめとする気分障害

や，脳の一部が過剰に興奮することにより，発作が起きるてんかんや，発達障害なども含まれる。

　近代の日本において，精神障害への理解は進んでおらず，精神障害者を家族が自宅に監禁し，治療や支援を受けられないことがしばしばあった。呉秀三は，日本の精神障害者の置かれた状況について，「わが国十何万の精神病者は，精神病であるという不幸のほかに，この国に生まれたという不幸をも重ねたと言うべきである」と語り，精神障害への理解が遅れていることを嘆いた。[66]

　また，精神疾患という一次的な障害を抱えた上で，周囲からの無理解や差別という二次被害を受け，ますます症状を悪くしてしまうことは，想像に難くない。精神障害者本人だけでなく，家族への支援の充実や，社会が精神障害をより深く理解していく潮流が必要である。

　精神障害者を支援する制度として，精神障害者保健福祉手帳制度がある。精神障害者保健福祉手帳とは，一定の精神障害の状態であることを認定することで，経済的支援や生活支援などのさまざまな支援策を受けやすくし，精神障害者の社会復帰と自立及び社会参加の促進を図ることを目的として，都道府県知事及び，指定都市市長が交付するものである。交付対象者は，精神障害の状態にあると認められた者で，精神疾患の状態と能力障害の状態の両面から総合的に判断し，次の3等級の区分がある。

　　1級：精神障害であって，日常生活の用を弁ずることを不能ならしめる程
　　　　　度のもの
　　2級：精神障害であって，日常生活が著しく制限を受けるか又は日常生活
　　　　　に著しい制限を加えることを必要とする程度のもの
　　3級：精神障害であって，日常生活若しくは社会生活が制限を受けるか，
　　　　　又は日常生活若しくは社会生活に制限を加えることを必要とする程
　　　　　度のもの

交付申請手続きは，その居住地（居住地を有しないときは，その現在地とする。以下同じ。）の市区町村を経由して，都道府県知事に申請する。手帳の有効期限は交付日から2年が経過する日の属する月の末日となっており，2年ごとに，障害等級に定める精神障害の状態にあることについて，都道府県知事の認定を受けなければならない。

　また，自立支援医療（精神通院医療）というしくみがあり，何らかの精神疾患（てんかんを含む）により，通院による治療を続ける必要がある人を対象とし，通常の公的医療保険の自己負担が3割のところ，1割の負担に軽減する制度である。この制度により，治療の継続性が高まることが期待できる。

　精神障害の一類型である「発達障害」とは，「自閉症，アスペルガー症候群その他の広汎性発達障害，学習障害，注意欠陥多動性障害その他これに類する脳機能の障害であってその症状が通常低年齢において発現するものとして政令で定められたもの」をいう（発達障害者支援法第2条）。「発達障害者」とは，発達障害を有するために日常生活又は社会生活に制限を受ける者をいい，「発達障害児」とは，「発達障害者のうち18歳未満のものをいう」と発達障害者支援法に定められている。

　自閉症とは，先天的な脳機能の障害のために，社会性やコミュニケーションの障害，興味や活動の偏りなどの特徴がある。かつては，自閉症は親の愛情不足が原因という間違った考えの下に治療が展開されることがあった。障害を抱える子どもの親は，愛情不足が原因だと非難されることは，どれほどの心痛であっただろうか。自閉症に限らず，家族を含めた支援を考えることが重要である。

　アスペルガー症候群その他の広汎性発達障害は，現在では，自閉症と合わせて自閉症スペクトラム障害として考えられている。診断名は同じでも，見られる症状や程度が個人によって大きく異なり，知的障害を伴うものやそうでないもの，後述する学習障害，注意欠如多動性障害の特徴を有したり，さまざまである。

　学習障害とは，知的な遅れは見られないが，読む，書く，計算などに学習の

遅れが見られるもので，読字障害，書字表出障害，算数障害などがある。アメリカの有名な映画俳優は，読字障害があり，セリフを覚えるために，スタッフに脚本を読み上げてもらい，それを聞いて覚えていたという話がある。

　注意欠如多動性障害とは，不注意（集中困難，過集中など），多動性（多弁や落ち着きのなさ），衝動性（順番が待てない）という特徴が見られる。

　発達障害は，知識のない人からすると，判別しにくいため，個人の性格の問題や努力が足りていないと責められることにつながることもあり，二次被害を生みやすく，鬱などの他の障害を併発しているものもいる。

　注意欠如多動性障害の支援団体であるえじそんくらぶでは，「理解と支援で『障害』を『個性』に」というスローガンを掲げている。[67]これは，まさに二次被害を防ぎ，適切な支援と共生につながる考え方である。

④　難　　病

　難病とは，「難病の患者に対する医療等に関する法律」（平成26年法律第50号）において，「発病の機構が明らかでなく，かつ，治療方法が確立していない希少な疾病であって，当該疾病にかかることにより長期にわたり療養を必要とすることとなるもの」と定義されている。

　この法律では，難病の患者に対する医療等は，難病の克服を目指し，難病の患者がその社会参加の機会が確保されること及び地域社会において尊厳を保持しつつ他の人々と共生することを妨げられないことを旨として，難病の特性に応じて，社会福祉その他の関連施策との有機的な連携に配慮しつつ，総合的に行われなければならないとされている。難病は，患者数が多くないために，治療法の開発に取り組まれにくかったりするため，法定化することで研究を促進する効果もある。

　また，難病患者の医療費等の経済的な支援や，難病患者等居宅生活支援事業が実施されるなど，法律に則った支援が展開されている。

　視覚障害の説明でも取り上げたベーチェット病は，難病の一つであり，病状が進むにつれて，さまざまな症状が現れ，視野狭窄が進み，最後には視覚が失われる。しかし，同じ病名でも進行具合は，人それぞれであり，診断がついて

図6-9 ICIDH WHO 国際障害分類（1980）の障害構造モデル

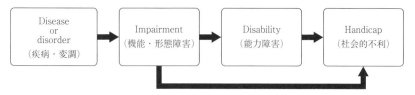

出所：WORLD HEALTH ORGANIZATION GENEVA 1988.

いるからと言って，一様に捉えることはできない。また，社会資源とのつなが
りや，社会参加の意欲，環境など，患者の置かれた環境によっても必要な支援
は異なり，個人に合わせた適切な支援が必要となる。

2）障害についての考え方——ICF

ICF（生活機能・障害・健康の国際分類〔以下，ICF〕）は，第54回国際保健会議
（WHO 総会）で採択され，ICIDH（国際障害分類）から発展して作成されたもの
である[68]。

図6-9に示すように，ICIDH が身体機能の障害による生活機能の障害とし
ての社会的不利を分類するという考え方が中心であった ICF は，生活機能の
プラス面からみるように視点を転換し，環境因子，個人因子等の視点を加えた
点が特徴である[69]。

「解夏」に出てくる主人公は，ベーチェット病の患者で，視覚を喪失し，生
活を送る上での不自由さや教師という職業を辞めざるを得ない経済的な面の社
会的不利（Handicap）を負うことになる。

しかし，この主人公には，心配してくれる友人や家族，視覚を失っても，共
に生きたいという女性の存在や，たまたま出会ったお寺の住職との交流を通し
て，生きることの意味を捉え直すこととなり，主体的に生きようという状態と
なる。このような患者個人の社会参加の意欲などを ICIDH では測ることがで
きない。ICF の活用により，以下に挙げることが期待されている[70]。

　① 障害や疾病を持った人やその家族，保健・医療・福祉等の幅広い分野

　　の従事者が，ICF を用いることにより，障害や疾病の状態についての共
　　通理解を持つことができる。

ⅱ　さまざまな障害者に向けたサービスを提供する施設や機関などで行わ
　　れる支援の計画や評価，記録などのために実際的な手段を提供すること
　　ができる。

ⅲ　障害者に関するさまざまな調査や統計について比較検討する標準的な
　　枠組みを提供することができる。

　障害や疾病の状態について，共通理解を持つことは，適切な支援へとつなが
る第一歩である。障害のある子どもを持つ親が，小学校で普通学級に所属する
のではなく，特別支援学級を希望した時に，学校の先生から「障害児にしたい
のですか？」と言われ，苦悩したという話がある。親としては，普通学級でお
客さんのように時間を過ごすよりは，特別支援学級で丁寧に関わってもらい，
伸ばせる能力を高めてもらえたらという考えであり，先生は普通学級でやって
いくことができる力はあるのではという認識の違いがあったようである。ICF
を活用することで，それぞれの立場からの見方を客観視することができること
や，ICF の図を共に作っていく過程自体が，連携の活動であり，協働すること
になる。話し合う過程の中で，特別支援学級と普通学級の両者を行き来する通
級を活用することや，ほかにもさらに良いアイデアも生まれるかもしれない。
　また，ICF は ICIDH と異なり，図6-10に示すように項目間が一方通行では
なく，双方向であり，お互いが影響し合うものとなっている。各項目ごとに肯
定的な側面，否定的な側面などを整理することで，肯定的な側面のみに注視し，
現実を考えない短絡的な視点では，適切な支援とは呼べない。一方で，否定的
な側面ばかりでは，個人の強み（ストレングス）を見逃してしまい，画一的な
支援をしてしまうことにつながりかねない。
　支援者として関わる家族や各種の専門職が ICF について理解を深めること
は，適切な支援に結びつくことになる。

図 6 - 10 ICF：国際生活機能分類（2001）の生活機能構造モデル

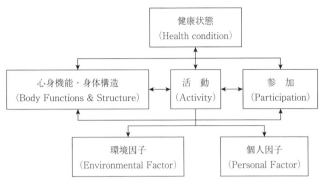

出所：「国際生活機能分類——国際障害分類改定版」中央法規出版，2002年。

（2）障害者福祉に関する法律

理念や考え方だけでなく，それを実現するための政策として，法律で定められることが重要である。数多い，障害者福祉に関する法律の中で，ここでは共に生きる社会という視点の下に，障害者の権利に関する条約，障害者差別解消法，障害者虐待防止法について取り上げる。

1）障害者の権利に関する条約

障害者の権利に関する条約（仮訳文）第1条には，「長期的な身体的，精神的，知的又は感覚的な障害を有する者であって，様々な障壁との相互作用により他の者と平等に社会に完全かつ効果的に参加することを妨げられることのあるものを含む」とある。

2）障害者差別解消法

この法律は，正式には，「障害を理由とする差別の解消の推進に関する法律」といい，2013年6月に成立し，2016年4月1日に施行した。この法律は，障害者の権利に関する条約の理念をより具体化するために法整備され，障害を理由とする差別等の権利侵害行為の禁止，社会的障壁の除去を怠ることによる権利侵害の禁止，国による啓発・知識の普及を図るための取り組みが謳われている。

差別を解消するための措置として，障害者の差別的取り扱いの禁止について

は，国・地方公共団体，民間事業者の両者に法的義務を課し，合理的配慮の不提供の禁止については，国・地方公共団体等には法的義務を，民間事業者には，努力義務を課している。

　合理的配慮とは，障害児（者）がすべての人権・自由を享有・行使するために確保された必要かつ適切な変更・調整であり，特定の場合において必要とされるもので，不釣り合いで過度な負担を課されないものとされている。

　この法律の施行後，聴覚障害者のグループの旅行で，ホテルへ宿泊の予約を取ろうとした際，聴者の引率者がいないことから，緊急時に避難誘導ができないため断られるということがあった。宿泊拒否したホテルは，障害者差別解消法について勉強不足であったという旨のコメントを出しており，合理的配慮を含め，この法律の社会への周知が十分でないのが現状である。

3）障害者虐待防止法

　この法律は，「障害者に対する虐待を禁止し，障害者虐待を受けた障害者に対し，保護及び自立の支援のための措置や，養護者に対する支援のための措置等」を定めている。また，「障害者虐待の防止と養護者に対する支援に関する施策や，障害者の権利利益の擁護を促進すること」が目的である。

　障害者虐待には，①養護者による障害者虐待（家族や養護する者からの虐待），②障害者福祉施設従事者等による障害者虐待（通所や入所している施設の職員からの虐待），③使用者による障害者虐待（就労先の使用者からの虐待）の3種類がある。

　また，障害者虐待の類型には，①身体的虐待，②放棄・放置，③心理的虐待，④性的虐待，⑤経済的虐待の5つがある。

　経済的虐待とは，障害者の財産や貯金を不当に処分したり，流用することや，年金や賃金を渡さなかったり，生活に必要な金銭を渡さないことが挙げられる。

　障害者福祉施設従事者による障害者虐待では，千葉県の施設において，入所者男性が職員の暴行を受け死亡した事例が挙げられる。その後の県の調査で2004〜2013年度までの10年間で15人の職員が23人の入所者を虐待していたことがわかった。事件から数年後に調査された報告書でも支援方法や姿勢に変化が

見られないと報告されており，障害者虐待の通告と対応の流れは法律により制度化されているが，実際の運用の難しさがあることが，この事からもわかる。

（3）共に生きる社会とは何か

　障害者と共に生きる社会は，誰もが，生きやすい，生活しやすい社会である。

1）ノーマライゼーションの実現

　ノーマライゼーションとは，北欧の障害者福祉の活動の中から発展した。知的障害者の施設収容の長期化における問題の中で，特に障害者虐待である人権侵害が明るみになり，脱施設化を推進するとともに，障害者の人権を保障しなければならないことを，社会へ訴える考え方となった。バンク-ミケルセンは，ノーマライゼーションを次のように定義した。

　　　「その国の人達がしている普通の生活と全く同様な生活をする権利を持つことを意味します。障害のない人びとと同じ生活条件を作り出すことを言います。障害がある人をノーマルにすることではありません。」

　この考えは，障害者も同等の権利を有していること，施設ではなく，地域で暮らしていける環境を用意すること，障害があっても，それをフォローできる取り組みを社会全体が担っていくことを表現している。例えば，駅構内のバリアフリーの環境を整備することで，車椅子を利用している人は，手助けを申し出なくとも自分1人で駅構内を移動することができる。これは，障害のない人々が駅構内をひとりで歩いて移動できるのと同じ生活条件を作り出していると言える。バリアフリー法は，このようなノーマライゼーションの理念を背景とし，それを体現している。また，ニィリエは，ノーマライゼーションを次のように示した。

　　　「すべての精神遅滞者の日常生活の様式や条件を，社会の普通の環境や

生活方法にできるだけ近づけることを意味する。」

　障害の有無に関係なく，人間らしく生きる権利，住みたい地域，生まれ育った地域で生活できるように，同じ市民として保障できる社会へと変えていくことである。障害のある人を施設で生活するのでなく，地域の中で暮らしていけるようにという流れがある。

　その一方で，神奈川県の相模原にある障害者支援施設において，元職員が障害者に対する偏見の下に大量殺人を行う事件があった（2016年）。この加害者の意見に賛成する書き込みがネット上でなされるということも起きており，ノーマライゼーションの理念とは程遠い現状もある。

2）障害児者の権利擁護活動としてのアドボカシー

　アドボカシーとは，子どもや障害者など，社会的弱者とされる人が自分の権利や要求を表明できない場合に，援助者がそれを代弁し，権利を擁護する機能のことをいう。アドボカシーには種類がいくつかあり，支援者からの弁護や代弁を受けるのではなく，当事者が主体となって，自分たちの権利や要求を主体的に自分自身で主張していくことを，セルフアドボカシーという。

　当事者団体の行動として，精神疾患に関する患者家族会からの要望で，病名の名称変更が為された例がある。「精神分裂病」という病名は病状を適切に表しておらず，誤解や偏見を招きやすい点や，そのため患者と家族に苦痛を与えていること，治療と社会復帰を妨げる要因になっている点，治療に必要な病名の告知が図れないという問題があった。精神神経学会で検討を重ね，「精神分裂病」から「統合失調症」へ名称変更がなされた。これは，セルフアドボカシーの例であるが，このように，障害児者は，医療職や福祉職から支援をしてもらうという一方向的な関係ではなく，自ら声をあげてよりよく社会を変えていく力も持っているのである。もちろん，その背景には，家族や医療職や福祉職をはじめとする様々な人との繋がりや支援があり，多職種の連携だけでなく，社会を構成する一人ひとりが連携していくことが重要である。

共に生きる社会を考える上で，ノーマライゼーション，アドボカシーは，重要な欠かせない概念であり，障害者福祉の向上，促進のみならず，よりよい社会の形成に必要な考え方である。一方で，このような概念を十分に体現できていない現状もある。しかし，ノーマライゼーション，アドボカシーなどの言葉を知らなくとも，これらに通じる活動や考えを持つ人も数多く存在する。このテキストで学習した人は，社会と障害児者のつなぎ手として，ノーマライゼーション，アドボカシーの概念をたくさんの人に伝えられるようになっていただきたい。

注

(1) 全国社会福祉協議会「第三者評価事業——事業内容」2009年。

(2) 特定非営利活動法人福祉経営ネットワーク編『福祉サービス第三者評価の実践——評価者の心得』筒井書房，2008年。

(3) 全国社会福祉協議会「第三者評価事業——評価機関・評価調査者について」2019年。

(4) 全国社会福祉協議会「社会的養護施設第三者評価事業」2019年。

(5) 高橋作太郎監修『リーダーズ英和辞典』研究社，2012年。

(6) 西尾祐吾『社会福祉実践とアドボカシー』中央法規出版，2000年，2-7頁。

(7) 堀正嗣・栄留里美『子どもソーシャルワークとアドボカシー実践』明石書店，2009年，14頁。

(8) 文部科学省「養護教諭のための児童虐待対応の手引き」2007年。

(9) 高山直樹ら編著『権利擁護』中央法規出版，2002年，144頁。

(10) 西尾祐吾，前掲書，199頁。

(11) 志田民吉編著『臨床に必要な人権と権利擁護』（福祉臨床シリーズ⑦）弘文堂，2006年。

(12) N・ベイトマン／西尾祐吾監訳『アドボカシーの理論と実際』八千代出版，1998年，3頁。

(13) 厚生労働省『平成28年　国民生活基礎調査の概況』2016年。

(14) OECDの国際比較については，基本的に日本と同じく2015年のデータと比較している。但し，ハンガリー，ニュージーランド，オーストラリア，メキシコは2015年のデータがないため，できる限り日本の観測時期と近くなるように，ハンガリーとニュージーランドは2014年，オーストラリアとメキシコは2016年のデータを用いた。なお，ラトビアは2016年，リトアニアは2018年にOECDに加入しているが，

両国とも2015年のデータがあるためそのデータを用いた。

⒂　内閣府『子供・若者白書　令和元年版』2019年。

⒃　厚生労働省「平成28年度　全国ひとり親世帯等調査の結果」2017年。

⒄　内閣府，前掲書。

⒅　日本財団「子どもの貧困の社会的損失推計レポート」2015年。

⒆　日本財団子どもの貧困対策チーム『子供の貧困が日本を滅ぼす──社会的損失40兆円の衝撃』文春新書，2016年。

⒇　内閣府『子ども・若者白書　平成26年版』2014年。

㉑　ブレーズ・パスカル／由木康訳『パスカル冥想録（パンセ）』白水社，1967年，111頁。

㉒　『南山堂　医学大辞典　第19版』南山堂，2006年，1582頁。

㉓　河野友信・平山正実編『臨床死生学事典』日本評論社，2000年，244頁。

㉔　厚生労働省「平成29（2017）人口動態統計」。

㉕　内閣府編『高齢社会白書　令和元年版』2019年，2頁。

㉖　同前書，27-28頁。

㉗　同前書，31-32頁。

㉘　同前書，9-10頁。

㉙　NPO法人日本ホスピス緩和ケア協会が公表しているデータによれば，2019年6月15日現在の「緩和ケア病棟入院料届出受理施設数・病床数」の累計は，施設数の累計が424施設，病床数の累計が8646病床となっている（https://www.hpcj.org/what/pcu_sii.html，2019年8月30日アクセス）。

㉚　E. キューブラーロス／鈴木晶訳『死ぬ瞬間──死とその過程について（完全新訳改訂版）』読売新聞社，1998年，59-201頁。

㉛　同前書，170頁。

㉜　Saunders, C. "The symptomatic treatment of incurable malignant disease" *Prescriber's Journal*, 1964(4), p. 68.

㉝　生命倫理の4原則とは，①自律尊重の原則，②善行の原則，③無危害の原則，④公正の原則である。1979年にビーチャムとチルドレスの以下の書物によって提唱された。

　　　T. L. ビーチャム，J. F. チルドレス／永安幸正・立木教夫監訳『生命医学倫理』成文堂，2004年。

㉞　J. ボウルビィ／黒田実郎ほか訳『母子関係の理論　Ⅲ対象喪失』岩崎学術出版，1981年。C.M. パークス／桑原治雄ほか訳『死別──遺された人たちを支えるために』メディカ出版，1993年。

㉟　J. W. ウォーデン／山本力監訳『悲嘆カウンセリング──臨床実践ハンドブック』

誠信書房，2011年。

⑶6 R. A. ニーメヤー／鈴木剛子訳『〈大切なもの〉を失ったあなたに――喪失をのりこえるガイド』春秋社，2006年。

⑶7 坂口幸弘『悲嘆学入門　死別の悲しみを学ぶ』昭和堂，2010年，121-123頁。

⑶8 子どもの定義は各法令によって異なるが，本節では児童福祉法における児童（乳児・幼児・少年）の定義である18歳未満を子どもと見なすことにする。

⑶9 M. ハイデガー／原佑・渡邊二郎訳『存在と時間Ⅱ』中央公論新社，2003年，276頁。

⑷0 NHK「こども」プロジェクト『小さな勇士たち――小児病棟ふれあい日記』日本放送協会出版会，2003年，64頁。

⑷1 同前書，67頁。

⑷2 J. クレメンツ／箕浦万里子訳『神さま，なぜママを死なせたの――親に死なれたこども達の声』偕成社，1986年，26頁。

⑷3 Nagy, M. “The child’s theories concerning death” *The Pedagogical seminary and Journal of genetic psychology: Child behavior, animal behavior, and comparative psychology*, 1948, 73, pp. 3-27.

⑷4 ボウルビィ，前掲書，325頁。

⑷5 森省二『子どもの対象喪失――その悲しみの世界』創元社，1990年，25頁。

⑷6 同前書，26頁。

⑷7 「ハーバード子ども死別研究」は，ウォーデンとシルバーマンによって行われた6歳から17歳までの遺児125人に対して，親の死から2年間の追跡調査である。遺児が抱えるさまざまなニーズが示されただけでなく，精神保健に関わる専門家への助言もなされている。

⑷8 ウォーデン，前掲書，248-250頁。

⑷9 C. M. サンダース／白根美保子訳『死別の悲しみを癒すアドバイスブック――家族を亡くしたあなたに』筑摩書房，2000年，166-169頁。

⑸0 濱田裕子監修『空にかかるはしご――天使になった子どもたちと生きるグリーフサポートブック』九州大学出版会，2017年，93-94頁。

(51) ウォーデン，前掲書，242-243頁。

(52) 同前書，236頁。

(53) 内閣防災府は災害関連死とは「当該災害による負傷の悪化又は避難生活等における身体的負担による疾病により死亡し，災害弔慰金の支給等に関する法律（昭和48年法律第82号）に基づき災害が原因で死亡したものと認められたもの（実際には災害弔慰金が支給されていないものも含めるが，当該災害が原因で所在が不明なものは除く。)」と定義し，2019（平成31）年4月に関係省庁で共有するとともに，自治

体に周知した。

⑸ 復興庁では「震災関連死に関する検討会報告書」（2012年）において，震災関連死が多い市町村の1263人を対象に原因を調査した結果，約９割が70歳以上の高齢者，約３割が「避難所等における生活の肉体・精神的疲労」，約２割が「避難所等への移動中の肉体・精神的疲労」「病院の機能停止による初期治療の遅れ等」だったとしている。

⑸ 「自然からの外力」には主に４つの類型があり，地質学的現象（地震，津波，噴火，土砂災害，地盤沈下など），気象学的現象（豪雨，暴風，豪雪，雷，猛暑など），生物学的現象（HIV/AIDS やマラリアなどの感染症，害虫など），天文学的現象（隕石，小惑星の落下など）がある。

⑸ 立木茂雄「災害とは何か―災害リスクとソーシャルワーク」日本社会福祉士養成校協会編『災害ソーシャルワーク入門』中央法規出版，2014年，2-13頁。

⑸ 避難支援関係者等には，消防機関，都道府県警察，民生委員，社会福祉協議会，自主防災組織，各種協力団体，専門職団体，企業，NPO などが該当する。

⑸ 登録方法は「手上げ方式」「同意方式」「情報共有方式」の３パターンがあり，それぞれに長所・短所がある。要援護者支援に取り組む上で，自治会町内会・防災組織などの既存地縁組織を主体とするのか，あるいは新たなメンバーを募って組織化するのか等，地域の実情に応じてどの登録方法を採用するかが住民主体で検討される。詳しくは横浜市健康福祉局「災害時要援護者支援のための取組事例集」を参照のこと。

⑸ 東京都社会福祉協議会『続東日本大震災　高齢者，障害者，子どもを支えた人たち』東京都社会福祉協議会，2013年，60-65頁。

⑹ 障害者，高齢者，ホームレスなど社会的な排除を受けたり孤立しがちな人々にとって，落ち着ける場所，帰れる場所，普段から頼りにできる場所のこと。これにより，孤立防止や社会参加を図ることができる。

⑹ 本制度導入前は，懲役または禁錮の刑の言い渡しの選択肢としては，刑期全部の実刑か刑期全部の執行猶予かのいずれしかなかったところ，３年以下の懲役または禁錮の言い渡しをする場合において，その刑の一部の執行を猶予できる制度のこと。例えば「懲役２年，うち６か月につき２年間保護観察付き執行猶予」という判決の場合，１年６か月の実刑部分は刑事施設で受刑，残り２年間は保護観察付きの執行猶予期間となり，地域社会における処遇を受けることとなる。この制度により，刑事施設での施設内処遇と社会内処遇の連携により，再犯防止への効果が期待されている。

⑹ 上野谷加代子・斉藤弥生編著『地域福祉の現状と課題』放送大学教育振興会，2018年，20頁。

⒀　社会保障審議会福祉部会「市町村地域福祉計画及び都道府県地域福祉支援計画策定指針の在り方について」2002年。

⒁　「障害」の表記に関する作業チーム『第26回障がい者制度改革推進会議（H22.11.22)資料2　「障害」の表記に関する検討結果について』2010年，5頁。

⒂　同前書，6頁。

⒃　呉秀三　『精神病者私宅監置ノ實況及ビ其統計的觀察』1918年。

⒄　えじそんくらぶ（https://www.e-club.jp/，2020年2月15日アクセス）。

⒅　「国際生活機能分類──国際障害分類改訂版」（日本語版）の厚生労働省ホームページ掲載について（https://www.mhlw.go.jp/houdou/2002/08/h0805-1.html，2020年2月15日アクセス）。

⒆　同前。

⒇　同前。

参考文献

・第1節

谷口由希子『児童養護施設の子どもたちの生活過程』明石書店，2011年。

西尾祐吾『社会福祉実践とアドボカシー』中央法規出版，2000年。

堀正嗣・栄留里美『子どもソーシャルワークとアドボカシー実践』明石書店，2009年。

・第2節

金子充『入門　貧困論』明石書店，2017年。

社会福祉士養成講座編集委員会編『低所得者に対する支援と生活保護制度　第4版』中央法規出版，2017年。

・第3節

E.キューブラーロス／鈴木晶訳『死ぬ瞬間──死とその過程について（完全新訳改訂版)』読売新聞社，1998年。

S.ドゥブレイ／若林一美ら訳『シシリー・ソンダース』日本看護出版会，1989年。

坂口幸弘『悲嘆学入門──死別の悲しみを学ぶ』昭和堂，2010年。

J.クレメンツ／箕浦万里子訳『神さま，なぜママを死なせたの──親に死なれた子ども達の声』偕成社，1986年。

・第4節

有賀絵里『災害時要援護者支援対策』文眞堂，2014年。

NHK福祉ネットワーク取材班『東日本大震災における障害者の死亡率』「ノーマライゼーション　障害者の福祉」日本障害者リハビリテーション協会，2011年11月号，61-63頁。

立木茂雄「災害とは何か─災害リスクとソーシャルワーク」日本社会福祉士養成校協

会編『災害ソーシャルワーク入門』中央法規出版，2014年。

東京都社会福祉協議会『続東日本大震災——高齢者，障害者，子どもを支えた人たち』東京都社会福祉協議会，2013年。

内閣府「災害時要援護者の避難支援ガイドライン」2006年。

内閣府『高齢社会白書 平成23年度版』2011年。

内閣府『福祉避難所の確保・運営ガイドライン』 2016年。

西尾祐吾・大塚保信・古川隆司『災害福祉とは何か』ミネルヴァ書房，2010年。

日本赤十字社「災害時要援護者対策ガイドライン」2006年。

横浜市健康福祉局『災害時要援護者支援のための取組事例集』2017年。

李永子「災害における要援護者概念の再考」『福祉のまちづくり研究』日本福祉のまちづくり学会，2006年8巻第1号，38-48頁。

A. Oliver-Smith "Global Change and the Definition of Disaster" in E. L. Quarantelli (ed.) *What is a Disaster?: Perspectives on the Questions*, Routledge, 1998.

Wisner, B. & P. Blaikie, *Terry Cannon, and Ian Davis, At Risk: Natural Hazards, People's Vulnerability and Disasters, 2nd edition*, Routledge, 2004.

・第5節

法務省 法務総合研究所編『犯罪白書』各年版。

法務省『再版防止推進白書』各年版（再犯の防止等の推進に関する法律第10条の規定に基づき，2018〔平成30〕年版から発行）。

・第6節

市川一宏・大橋謙策・牧里毎治編著『地域福祉の理論と方法』（MINERVA社会福祉士養成テキストブック⑧）ミネルヴァ書房，2010年。

上野谷加代子・松端克文・永田祐編著『新版 よくわかる地域福祉』ミネルヴァ書房，2019年。

社会福祉士養成講座編集委員会編『地域福祉の理論と方法 第3版』（新・社会福祉士養成講座⑨）中央法規出版，2015年。

「社会福祉学習双書」編集委員会編『地域福祉論——地域福祉の理論と方法』（社会福祉学習双書2011⑧）全国社会福祉協議会，2011年。

橋本好一・宮田徹編著『学ぶ・わかる・みえる 保育と社会福祉 第3版』（シリーズ保育と現代社会）みらい，2019年。

牧里毎治・杉岡直人・森本佳樹編著『ビギナーズ地域福祉』有斐閣，2013年。

・第7節

さだまさし『解夏』幻冬舎，2002年。

索　引

著者紹介 （所属，分担，執筆順，＊は編者）

畑 岡　　隆 （元・山陽学園短期大学幼児教育学科准教授：第1章1）
はた おか　たかし

＊井 元 真 澄 （編著者紹介参照：第1章2）
い もと ま すみ

植 田 彌 生 （大阪保育福祉専門学校副校長：第2章）
うえ だ や よい

阿 部 裕 二 （東北福祉大学総合福祉学部教授：第3章1）
あ べ ゆう じ

岡 本 眞 幸 （横浜女子短期大学保育科教授：第3章2，第4章1・2）
おか もと まさ ゆき

久 利 要 子 （日本児童教育専門学校非常勤講師：第4章3）
く り よう こ

トムソン・スティーヴン （横浜女子短期大学保育科准教授：第5章）

千 葉 伸 彦 （東北福祉大学総合福祉学部専任講師：第6章1）
ち ば のぶ ひこ

野 澤 義 隆 （東京未来大学子ども心理学部専任講師：第6章2）
の ざわ よし たか

小 館 貴 幸 （立正大学等非常勤講師：第6章3）
こ だて たか ゆき

兎 澤　　聖 （尚絅学院大学総合人間学系准教授：第6章4）
と ざわ　あきら

＊坂 本　　健 （編著者紹介参照：第6章5）
さか もと　たけし

小 川 和 代 （大阪保育福祉専門学校専任講師：第6章6）
お がわ かず よ

木 村　　秀 （共立女子大学家政学部准教授：第6章7）
き むら　まさる

編著者紹介

井元真澄（いもと・ますみ）

大阪市立大学大学院後期博士課程単位取得満期退学。
現　在　梅花女子大学心理こども学部教授。
主　著　『保育士のための相談援助』（編著）大学図書出版，2012年。
　　　　『現代社会福祉用語の基礎知識 第13版』（共編）学文社，2019年。

坂本　健（さかもと・たけし）

東洋大学大学院社会学研究科社会福祉学専攻博士後期課程満期退学。
現　在　白百合女子大学人間総合学部教授・昭和女子大学非常勤講師。
主　著　『児童相談援助活動の実際』（編著）ミネルヴァ書房，2002年。
　　　　『保育者のための児童福祉論』（共著）樹村房，2008年。
　　　　『子どもの社会的養護』（編著）大学図書出版，2011年。

シリーズ・保育の基礎を学ぶ①
実践に活かす社会福祉

2020年 4 月15日　初版第 1 刷発行　　〈検印省略〉
2022年12月30日　初版第 2 刷発行

定価はカバーに
表示しています

編 著 者　　井　元　真　澄
　　　　　　坂　本　　　健
発 行 者　　杉　田　啓　三
印 刷 者　　中　村　勝　弘

発 行 所　株式会社　ミネルヴァ書房
607-8494　京都市山科区日ノ岡堤谷町 1
電話代表　(075)581-5191
振替口座　01020-0-8076

ISBN978-4-623-08919-2

Printed in Japan

シリーズ・保育の基礎を学ぶ

（全 7 巻）

A 5 判・並製カバー・各巻平均250頁

第 1 巻　実 践 に 活 か す 社 会 福 祉

第 2 巻　実践に活かす子ども家庭福祉

第 3 巻　実 践 に 活 か す 社 会 的 養 護 Ⅰ

第 4 巻　実 践 に 活 か す 社 会 的 養 護 Ⅱ

第 5 巻　実 践 に 活 か す 子 育 て 支 援

第 6 巻　実 践 に 活 か す 子 ど も 家 庭 支 援

第 7 巻　実 践 に 活 か す 保 育 実 習

――――――――― ミネルヴァ書房 ―――――――――

https://www.minervashobo.co.jp/